Hamburgs Köhlbrandbrücke

Frank Hofmann

Hamburgs Köhlbrandbrücke
Geschichte und Geschichten

Ellert & Richter Verlag

Inhalt

Auf fahrt

von Westen oder von Osten?

Vielleicht ist es eine Typfrage, ob man sich der Brücke lieber von Westen oder von Osten nähert. Die eng geschwungene westliche Rampe ist nicht nur fahrerisch anspruchsvoller, sie bietet auch dem architekturbegeisterten Auge mehr Reize. Auf der Finkenwerder Straße, gleich hinter der Autobahnauffahrt Waltershof, zeigt sich die Schrägseilkonstruktion aus nur 1000 Meter Luftlinie in ihrer ganzen Pracht. Zeit zum Staunen bleibt kaum, eine sich verschärfende Linkskurve führt unter der West-Rampe hindurch und geradewegs zu auf die parallel zur Köhlbrandbrücke verlaufende Bundesautobahn 7, die hier von 660 Pfeilern über der Elbmarsch aufgeständert wird. Verblüffend, dass zwei Brückengiganten so nahe beieinander liegen: Wohl nur wenige der bis zu 150 000 Auto- und Lkw-Fahrer pro Tag, die diesen A7-Abschnitt zu einer der meistgenutzten Bundesfernstraßen machen, werden sich bewusst sein, dass sie gerade die längste Straßenbrücke Deutschlands passieren: 4258 Kilometer lang führt die Hochstraße Elbmarsch, so der offizielle Name, von der Anschlussstelle Heimfeld bis zum Elbtunnel.

Wenn die Ampel an der T-Kreuzung von Finkenwerder Straße und Waltershofer Damm/Köhlbrandbrücke auf Rot steht, kann man gefahrlos einen Blick in die Eingeweide der Hochstraße werfen. Bis 2030 wird die, hier beim Bau 1971 bis 1975 vorsorglich eingeplante, Lücke zwischen den beiden Fahrtrichtungen für zwei weitere Fahrstreifen zum vierspurigen Ausbau gefüllt. Die Ampel springt auf Grün: Nun geht es endlich auf die Westrampe der Köhlbrandbrücke. Die Raumnot zwischen dem Containerterminal Waltershof und dem Rugenberger Hafen zwang die Planer zu einer geradezu abenteuerlichen Linkskurve, deren enger Radius jeder Rennstrecke zur Ehre gereichen würde. Mit bis zu vier Prozent Steigung schwingt sich nun die Brückenstraße auf 58,7 Meter Höhe hinauf. Rechts kommen die pechschwarzen Kohlehalden des Hansaports in den Blick, daneben das glitzernde Meer von fabrikneuen Autos auf der Kattwyk, links die ganz großen Container-Pötte in den sich gegenüberliegenden Containerterminals Waltershof und Burchardkai. Wenn der Wind aus Südost

weht, wabert der Geruch der Müllverbrennungsanlage Rugenberger Damm durch Lüftung oder Fenster. Doch schon wenige Hundert Meter später wird der unappetitliche Gestank von den Ausdünstungen des größten Ölsaatenverarbeitungs- und Raffineriekomplexes in Europa überlagert.

Wie ein gespreiztes Beinpaar baut sich nun der westliche Pylon vor der Windschutzscheibe auf. Der höchste Punkt der Brücke ist schnell erreicht. Es empfiehlt sich, dem hier von 60 auf 50

Wie eine Hauptschlagader zieht sich die Köhlbrandbrücke durch den Hafen. Der von den Pylonen gerahmte Teil über dem Köhlbrand macht weniger als ein Zehntel ihrer Gesamtlänge aus. Von links nimmt parallel zur Westrampe der Brücke die aufgeständerte A 7 Kurs auf den Elbtunnel. Am Waltershofer Hafen (oben Mitte) sorgen die Containerbrücken des Eurogate-Terminals auf der linken Seite und die des Terminals Buchardkai auf der rechten Seite für eine schnelle Abfertigung der ganz großen Containerschiffe, die auf der Elbe (oben rechts im Bild) Hamburg ansteuern und nicht unter der Brücke durchfahren können. Von unten schiebt sich die Halbinsel Kattwyk mit dem Radarturm Krusenbusch und dem Autoterminal ins Bild. Die dunklen Kohlehalden warten im Massengut-Terminal von Hansaport auf ihren Weitertransport. Rechts gegenüber zweigt der Neuhöfer Kanal ab, an dem ein Terminal für Futtermittel, Getreide und Pflanzenöl liegt.

km/h reduzierten Tempolimit zu folgen, um möglichst viele Details des fantastischen Hamburg-Panoramas einzufangen, das zur Linken in den Blick kommt: Elbphilharmonie und Fernsehturm, die fünf Hauptkirchen und die charakteristischen Türme der Mundsburg, um nur die auffälligsten zu nennen. Nicht zu übersehen im Vordergrund auch das Kreuzfahrtterminal Steinwerder, an dem meistens einer der großen weißen Ozeandampfer festmacht, die Hamburg Reisende aus aller Welt bringen. Den Horizont in Fahrtrichtung markiert ein grünes Band, bestehend aus Sachsenwald und der Klötzie, dem nördlichen Teil der eiszeitlichen Altmoränenlandschaft Drawehn. Die lange, gerade Ostrampe der Brücke lässt genügend Zeit, um zwischen den beiden höher gelegenen Grüngebieten den Einschnitt der Elbe auszumachen. Nach 3,6 Kilometern[1] setzt die Köhlbrandbrücke schließlich sanft auf der Elbinsel Neuhof auf. Zum Abschluss wünscht die Hamburg Port Authority (HPA), die Managementzentrale des Hafens, auf einem LED-Schild zweisprachig »Gute Fahrt« und »Have a good trip«. Der Hauptstrom des Verkehrs folgt nun dem Roßdamm und dem Veddeler Damm Richtung Elbbrücken, der andere Teil dreht ab über den Neuhöfer Damm nach Süden.

Mit der »Schwalbenschwanz« genannten Doppelspitze weisen die Pylonen über ihre Höhe von 135 Metern hinaus. Sie halten jeweils 88 Tragseile.

Die Auffahrt von Osten ist weniger spektakulär, eher etwas für meditativ Genießende. Schnurgerade steigt die zweispurige Straße über zwei Kilometer himmelwärts, den blauen Pylonen entgegen, die alle umliegenden Hafenkräne überragen. Durch ihre Einkerbung an der Spitze wirken die beiden 130 Meter ho-

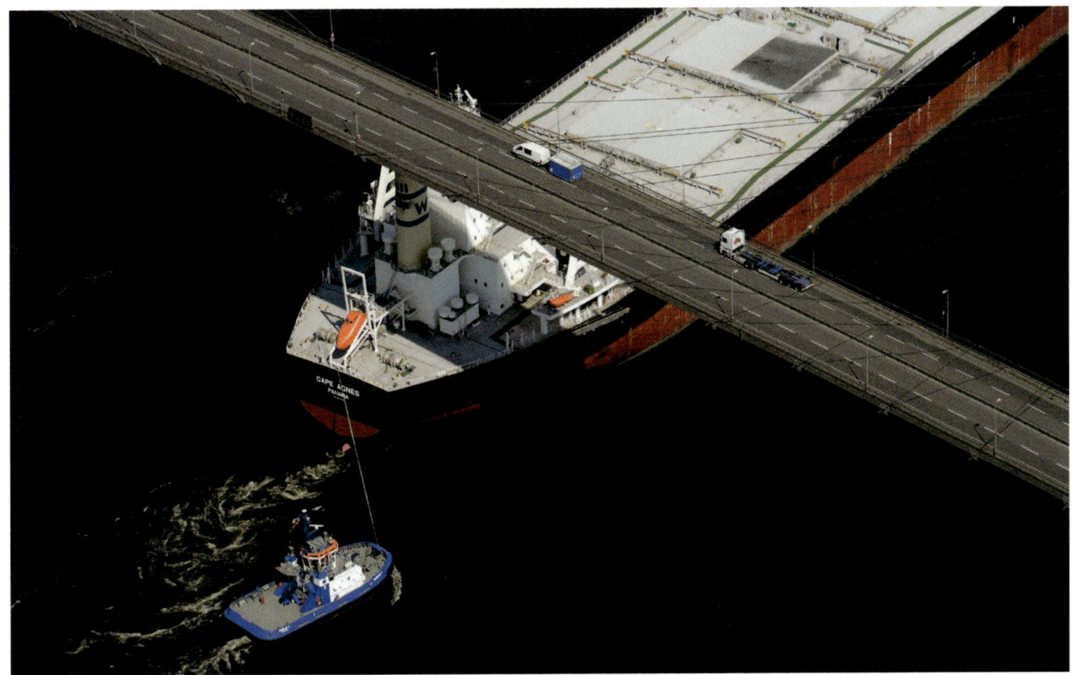

hen Stahlkolosse wie zwei Doppelpfeile, die die gerade befahrene Steigung symbolisch ins Unendliche verlängern. Das Hamburg-Panorama, nun zur Rechten, wirkt aus dieser Perspektive gegen die monumentale Konstruktion aus Beton und Stahl wie eine Staffage. Erst auf dem Scheitelpunkt der Brücke ändert sich das Bild. Hamburgs höchste Erhebungen, die Harburger Berge, und die grüneren und weniger bebauten Ausläufer des Hamburger Elbufers Richtung Westen sind für kurze Zeit im Blickfeld, bis die scharfe Rechtskurve zur Finkenwerder Straße die ganze Aufmerksamkeit fordert.

Die Schleifspuren von Schiffsantennen am Unterbau der Brücke belegen, dass die maximale Durchfahrtshöhe von 53 Metern bis aufs Letzte ausgereizt wird.

Zwei sehr unterschiedliche Seiten, sich der Köhlbrandbrücke zu nähern, beide unbedingt empfehlenswert. Neben dem weltbekannten Konzerthaus »Elphi« dürfte die Brücke das neuzeitliche Bauwerk sein, dem Hamburger Bewohner und Besucher emotional am meisten verbunden sind. Schon zum Einweihungstag im September 1974 mit dem damaligen Bundespräsidenten Walter Scheel kamen fünfmal mehr Menschen als erwartet: 150 000 Hamburgerinnen und Hamburger marschierten im Gefolge des

Staatsoberhaupts über das Bauwerk – an der Gedenkmünzen-Ausgabe kam es zu Tumulten, die Polizei griff ein. Per pedes über die Brücke konnte man seitdem nur noch zum 25-jährigen Jubiläum und zum Köhlbrandbrückenlauf, der seit 2011 in der Regel jährlich am 3. Oktober veranstaltet wird. Auch hier ist der Andrang an Läuferinnen und Läufern so groß, dass das Event trotz mehrerer Startzeiten immer wieder ausgebucht ist. Und als im Mai 2020 bekannt wurde, dass dem Wahrzeichen der Abriss droht, ging ein Sturm der Entrüstung durch die sozialen Medien und die Leserbriefspalten der Zeitungen.

2024 wird Hamburgs größtes Wahrzeichen 50 Jahre alt. In die Glückwünsche mischt sich Wehmut. Der Abriss der Brücke ist beschlossen, beim nächsten runden Geburtstag dürften schon die Bauarbeiten für die Nachfolgerin begonnen haben. In den Herzen der Hamburgerinnen und Hamburger wird die alte »Köhle« lange Zeit darüber hinaus unvergessen bleiben. So viele Geschichten werden mit ihr verbunden – spannende und kuriose, dramatische und schöne. Dieses Buch erzählt sie: von der fas-

Ein mittelgroßer Containerfrachter unterquert die Brücke Richtung Altenwerder, des modernsten Terminals im Hamburger Hafen. Seine großen Geschwister passen hier nicht durch. Auf der rechten Seite ist der Fähranleger Neuhof zu sehen, gegenüber in der Bucht auf der linken Seite liegt der Anleger Waltershof.

Bis zu 40 000 Fahrzeuge nutzen täglich die Brücke – davon mehr als ein Drittel Lastwagen und Schwertransporte.

zinierenden Vorgeschichte über die wechselhafte Planung, den ingeniösen Bau, den spannenden laufenden Betrieb bis hin zu den verrücktesten Zukunftsszenarien.

Nördlich der Brücke teilt sich die Elbe in Norderelbe und Köhlbrand, von dem westlich die Einfahrt in den Sandauhafen und östlich die Rethe abzweigen. Im linken oberen Bildteil schwingt sich die A7 über die 4,3 Kilometer lange Hochstraße Elbmarsch hinab in den Elbtunnel. Die vier Containerterminals des Hafens stechen leuchtend hervor: unten links Altenwerder, oben Eurogate (links vom Waltershofer Hafenbecken) und Buchardkai, rechts Tollerort. Das Auto-Terminal auf der Kattwyk rechts bleibt im Dunklen. Schlepper rangieren die großen Schiffe gekonnt in den engen Hafenbecken.

Hapag-Lloyd

Holzwege, Riesenfähren und Größenwahn

Zur Vorgeschichte der Köhlbrandquerung

Cornelia Kost erinnert sich gern und genau an die typischen Sonntagsausflüge ihrer Kindheit in den späten sechziger und frühen siebziger Jahren des vergangenen Jahrhunderts. Sie saß neben ihrem Bruder auf der Rücksitzbank des grauen Kadett C, den ihr Vater von Neuwiedenthal Richtung Freihafen steuerte. Ziel war stets der Anleger Athabaskahöft am Südufer der Norderelbe, wo 1891 der englische Schraubendampfer »Athabasca« im Sumpf strandete und dem Ufer fortan seinen Namen gab. Dort, gegenüber von Övelgönne, ließen sich die ein- und auslaufenden Pötte aus erster Reihe begutachten. Das eigentliche Highlight der Fahrt war für Cornelia aber die Fähre über den Köhlbrand zwischen den Anlegern Waltershof und Neuhof. Neben der modernen Autofähre verkehrten damals über diesen Mündungsarm der Süderelbe in die Norderelbe noch zwei historische Trajektfähren für den kombinierten Kraftwagen- und Eisenbahntransport. »Für uns Kinder waren diese riesigen Schiffe sehr beeindruckend«, erinnert sich Cornelia Kost, die diesen Fähren mit Bildern und Infos immer noch einen Teil ihrer Webpräsenz widmet.[2]

Die Trajektfähren sicherten ab 1912 für sechs Jahrzehnte den Bahnverkehr über den Köhlbrand, bis 1973 der Schienenverkehr die neue, drei Kilometer südlich gelegene Kattwyk-Hubbrücke nutzen konnte. Neben ihrer Größe zeichnete die Fähren das 36 Meter lange Hebedeck aus, das an den Anlegern den ortsüblichen Tidenhub von 2,5 Metern ausglich. Darauf fanden sechs Güterwagen oder vier Sattelzüge plus ein paar Autos zeitgenössischer Größe Platz. Eine solche Konstruktion wurde erstmals in Kairo auf dem Nil und später auch im Hafen von Glasgow eingesetzt. Die auf der Stettiner Vulcan-Werft gebauten Trajekte schipperten mit der Kraft von zwei 640 PS starken Dampfmaschinen bis zu 8 Knoten schnell die 400 Meter von Anleger zu Anleger über das Elbewasser. Weil sie an beiden Enden Schiffsschrauben trugen, konnten sie genauso schnell vorwärts- wie rückwärtsfahren. Das stählerne Gittertragwerk mit acht Stützen, auf dem die Kommandobrücke sitzt, wirkt auf alten Schwarz-Weiß-Fotos wie der Nachbau einer Riesenspinne für einen Horrorfilm. Doch der letzte verbliebene Überrest der Trajekt-Zeit, der Schiffsrumpf von »Fährschiff I«, fristet sein Dasein ganz friedlich im Rugenberger Hafen als Werkstattschiff

Das Köhlbrand-Ungeheuer: Kombinierte Eisenbahn- und Autofähren, so genannte »Trajekte«, verbanden die am Köhlbrand gegenüberliegenden Stadtteile Neuhof und Waltershof bis zur Freigabe der Brücke.

der Hamburger Hafenverwaltung HPA. Es wurde kürzlich auf der Hitzler Werft in Lauenburg renoviert und neuen Bedürfnissen angepasst.

Napoleon als Hamburger Brückenpionier

Von je her hat das verzweigte Binnendelta der Elbe bei Hamburg die Verkehrsplaner vor komplizierte Aufgaben gestellt und eigenwillige Lösungen hervorgebracht. Das gilt ganz besonders für die Konstruktion, die als erste feste Elbquerung in die Geschichte eingegangen ist: die von den Hamburgern so genannte »Teufelsbrücke«, die Napoleon 1813 vom Harburger Schloss bis zum Brooktor bauen ließ. Überbrückt im Wortsinn wurden allerdings nur die immer wieder überspülten und sumpfigen

Nur knapp vier Jahre bestand die erste Brücke zwischen Hamburg und Harburg über das dazwischen liegende Marschland (heute Wilhelmsburg). Die Flüsse wurden mit Seilfähren überquert. Die Route der knapp acht Kilometer langen Holzkonstruktion verlief in etwa so wie heute die Georg-Wilhelm-Straße.

Marschinseln im Stromspaltungsgebiet, dem heutigen Wilhelmsburg. Die Flussläufe der Süder- und Norderelbe wurden durch Seilfähren bedient. Das aberwitzige Projekt diente vornehmlich militärischen Zwecken. Nachdem 1811 das von Napoleon bereits fünf Jahre zuvor besetzte Hamburg Teil des französischen Kaiserreichs wurde, befahl der Herrscher den Bau einer neun Kilometer langen Holzbrücke: »Hamburg, Harburg und die

Inseln müssen ein System bilden und sich gegenseitig im Falle regelrechter Belagerungen unterstützen können.«[3] Knapp acht Kilometer lang war der von Bauingenieur Louis Didier Jousselin entworfene und konstruierte Verkehrsweg, der zum überwiegenden Teil aus hölzernen Pfahlbrücken bestand und in etwa entlang der heutigen Georg-Wilhelm-Straße verlief.

Die Bauzeit betrug nur 100 Tage. Fünf Zimmermeister, 26 Poliere, 2214 Zimmergesellen, 1228 Tischler, 330 Arbeiter und 1800 Soldaten begannen unter der Aufsicht des Hamburger Architekten Christian Friedrich Lange an 20 Stellen gleichzeitig.[4] Die knapp 21 Meter langen und sieben Meter breiten Fähren waren so ausgelegt, dass sie 60 Reiter und 500 Mann Infanterie – also etwa 2800 Tonnen – transportieren konnten. Die schweren Hanfseile, an denen sie von sechs Fährleuten binnen zwölf Minuten von Ufer zu Ufer gezogen wurden, kosteten 6000 Mark das Stück und mussten alle acht Monate ausgetauscht werden. Oft kam es allerdings nicht dazu – dem Holzweg war nur ein kurzes Leben bis 1818 beschieden. Nachdem die Franzosen 1814 Hamburg verließen, war auch Napoleons Plan einer Chaussee zwischen Paris und Hamburg hinfällig. Die Brücke wurde durch Wind, Wetter, Eisgang und Holzdiebstahl immer maroder und schließlich abgerissen.[5]

Konkurrenten wachsen zusammen

Bis zur ersten durchgehenden Verkehrsverbindung mit festen Brücken über die beiden großen Elbarme dauerte es noch bis 1872: Für die Hamburg-Venloer Bahn entstanden die Harburger Eisenbahnbrücke über die Süderelbe und die heute »Alte Elbbrücke« genannte Verbindung über die Norderelbe. Letztere wurde in den zwanziger Jahren des vergangenen Jahrhunderts durch einen Neubau ersetzt. 1899 war dann auch für Pferdefuhrwerke die Querung beider Flussarme ohne Fähre möglich – über die »Alte Harburger Elbbrücke«, eine Stahlbogenbrücke mit repräsentativen Portalen, auf der heute nur noch Fußgänger und Radfah-

Die Eisenbrücke (im Vordergrund) zwischen Harburg und Wilhelmsburg bestand von 1872 bis 1978 – mit einer Erweiterung 1922. Die »Alte Harburger Elbbrücke« (dahinter) stammt aus 1899 und steht immer noch.

rer verkehren dürfen, und die »Neue Elbbrücke«, die bis in die Gegenwart mehrmals umgebaut und erweitert wurde. Dass es so lange dauerte, bis Harburg und Hamburg zusammenfanden, lag vor allem daran, dass beide Städte im Hafengeschäft konkurrierten und durch eine Grenze getrennt waren: Harburg gehörte erst zum Königreich Hannover, dann ab 1806 zu Preußen, während Hamburg seit dem 17. Jahrhundert als freie Reichsstadt galt.

Eine Brücke über den Köhlbrand war zu Beginn des vergangenen Jahrhunderts noch kein Thema. Zwar wurde das westlich von ihm gelegene Waltershof bereits 1910 zum Hafenerweiterungsgebiet erklärt. Doch erst in den sechziger Jahren, als Folge der großen Sturmflut vom Februar 1962, wurden die letzten Siedlungsreste geräumt und der Stadtteil ganz dem Hafen zugeschlagen, der sich nun auf beiden Seiten des Köhlbrands breitmachte. Seitdem ist der Flussabschnitt auch der einzige Mündungsarm der Süderelbe. Nach der Hochwasserkatastrophe wurden Finkenwerder, Altenwerder und Waltershof erhöht eingedeicht – und die Alte Süderelbe verschloss sich zum stehenden Gewässer.

Sturmfluten waren es auch, die den Köhlbrand vor über einem halben Jahrtausend entstehen ließen: Im 14. und 15. Jahrhundert wurde die große Elbinsel Gorieswerder, ein bewohntes Gebiet zwischen Kaltehofe und Finkenwerder, durch schwere Sturmfluten in mehrere Stücke zerrissen und die Elbe fand neue Wege. Seinen Namen hat der Flussabschnitt von den Köhlern, die die an seinen Ufern gebrannte Holzkohle an die Schiffer verkauften.

Wettbewerb zwischen Norder- und Süderelbe

Der Name Köhlbrand ist aber auch mit den Streitereien verbunden, die Hamburg und Harburg um ihre Häfen führten. Obwohl die Süderelbe mit dem Köhlbrand der besser beschiffbare Flussarm war, mussten alle Handelsschiffe auf der Norderelbe verkehren: Kaiser Karl IV. hatte der Hansestadt 1359 das Stapelrecht verliehen, das Recht also, alle durchziehenden Kaufleute zum Angebot ihrer Waren zu zwingen. Im 16. Jahrhundert schließlich klagte Harburg zusammen mit Buxtehude, Lüneburg und Stade beim Reichsgericht das Recht auf freie Schifffahrt über die Süderelbe ein. Hamburg versuchte dann, mit Wasserbaumaßnahmen die Norderelbe gegenüber ihrer südlichen Schwester aufzuwerten: Die Vier- und Marschlande wurden eingedeicht, der Strom bei Spadenland begradigt und der Grasbrook in zwei Teile getrennt. Die Süderelbe verlor an Wassermenge und Fließgeschwindigkeit und drohte zu versanden.

Zur Schlichtung der Streitereien schlossen Preußen und Hamburg zwischen 1868 und 1908 drei Staatsverträge, die als »Köhlbrandverträge« in die Geschichte eingingen. Sie sahen vor allem eine bessere Beschiffung des Köhlbrands vor. Durch Vertiefung, Begradigung und Verlegung um 600 Meter stromabwärts gestand Hamburg aber auch eine weitere Begradigung der Norderelbe zu. Außerdem wurde die Bunthäuser Spitze, an der sich Norder- und Süderelbe trennen, um 400 Meter flussaufwärts verlängert, um beide Arme mit der annähernd gleichen Fließgeschwindigkeit zu versorgen. Die Messstation Bunthaus, früher

Stackmeisterei Bunthaus, am südöstlichsten Zipfel Wilhelmsburgs ist für die Überwachung zuständig. Die Messmethoden haben sich im Lauf der Jahrzehnte mehrmals geändert und sind stets genauer geworden – nicht geändert hat sich allerdings die Rangfolge: Immer noch führt der südliche Arm mehr Elbwasser (55 Prozent) als der nördliche.

Strandleben wie an der Nordsee

Bei älteren Hamburgerinnen und Hamburgern weckt der Name »Köhlbrand« Erinnerungen an unbeschwerte Sonnen-, Strand- und Badetage. So wie bei Helga Gühlcke: Sie fuhr 1947 als Dreijährige erstmals mit ihrer Mutter auf dem Dampfschiff zur AWO-Tageskolonie am Maakendamm, der heute zum Waltershofer Hafen gehört. »Ich spielte damals viel mit meinen Puppen in den Trümmern der zerbombten Häuser und genoss es, endlich mit dem Dampfer über die Elbe in ein kleines Abenteuer zu fahren.« Der dort aufgeschüttete Sand bot ein Strandleben

Strandleben am Köhlbrand: Die AWO (Arbeiterwohlfahrt)-Kolonie am Maakendamm diente vor und nach der NS-Diktatur als Freizeitparadies für Kinder ärmerer Familien. Die Schiffswracks aus dem Krieg waren ein verbotenes, aber beliebtes Tauchziel. Im Hintergrund die Kräne des – heute für das Containerterminal Tollerort zugeschütteten – Vulkanhafens.

Mit dem Dampfschiff ging es in den Sommerferien täglich von den Landungsbrücken rüber über die Elbe nach Waltershof. Außerhalb der Ferien konnten Klassenverbände dort die »Freiluftschule« nutzen.

wie an der Nordsee, die davor liegenden Schiffswracks aus dem Zweiten Weltkrieg waren beliebte – wenn auch offiziell verbotene – Schwimmziele für die älteren und mutigen Kinder. In einer großen, zur Elbe hin offenen, Halle wurde an langen Holzbänken gegessen, gebastelt und gesungen.[6] Zum Beispiel das Lied der Falken, der Sozialistischen Jugend Deutschlands:

»Wir Arbeiterkinder, wir wohnen in der Stadt,
die finstere Höfe und graue Häuser hat.
Wir wollen nicht länger auf dumpfer Gasse sein.
Wir wollen Freude, den Sonnenschein.
Freude, ja Freude, o Freude überall,
schiebt heute beiseite die Sorgen ohne Zahl.
Vergesset den Kummer,
vertreibet Not und Schmerz,
die Freude soll leben in jedem Herz.«

Horst Riedel, Jahrgang 1941, erinnert sich besonders an das Essen in der Kolonie: »Ich liebte die Butterbrote auf dem Köhlbrand. Zuhause gab es manchmal nur Maisbrot mit Magermilchhaut.« Das kleine Paradies wurde 1922 von der Arbeiterwohlfahrt Hamburg vor allem für die Kinder aus den Stadtvierteln geschaffen, die kaum eine Chance auf Urlaub, gesunde Ernährung und Spielmöglichkeiten an der frischen Luft hatten. Der Zuspruch war spektakulär: Bis 1928 kamen 100 000 Schul- und Kleinkinder auf die andere Elbseite, wobei schon die Überfahrt für die meisten ein ungewohntes Abenteuer war.

1933 schlossen die Nationalsozialisten die »Sozi«-Einrichtung. Nach dem Krieg wurde sie mühevoll wieder hergestellt: Schuten brachten ungezählte Tonnen Sand an den Maakendamm, um den von Bomben zerstörten Strand aufzuschütten. Für zuletzt 5,60 Mark konnten täglich bis zu 500 Vier- bis 14-Jährige dort während der Sommermonate einen unbeschwerten Tag verbringen. Die schwere Sturmflut 1962 besiegelte jedoch das endgültige Aus der Ferienkolonie. Außerdem wurde Platz für den Hafenausbau gebraucht. Doch ein kleiner, etwas versteckter Rad- und Fußweg führt noch immer vom Anleger Waltershof den Maakendamm entlang bis zur Spitze am Maakenwerder Höft. Die seltene Hafenidylle ist ein kleiner Geheimtipp: Nach Osten bietet der Weg grandiose Aussichten über den Köhlbrand nach Hamburg, an der Spundwand im Westen sind zahlreiche Geocaches versteckt, die jährlich zu Silvester erweitert werden.[7]

Hitlers Vision einer monumentalen Elbquerung

Der erste historisch dokumentierte Entwurf für einen Brückenbau über den Köhlbrand stammt aus der Nazizeit und war Teil eines großen Umbauplans, der Hamburg zur »Führerstadt« adeln sollte. Ein Schlüsselmoment dafür war die Hafenrundfahrt Adolf Hitlers am 13. Juni 1936. Details dazu hält eine Aktennotiz des damaligen Leiters des Hamburger Staatsarchivs, Heinrich Reincke, fest, die allerdings erst fünf Jahre nach dem Ereignis entstand:

»Den Gedanken der Elbufergestaltung brachte meines Wissens der Führer zum ersten Mal zum Ausdruck nach einem Stapellauf in Hamburg; ich glaube, es handelte sich um das Schulschiff Horst Wessel. Der Führer stand mit einigen Herren auf dem Achterdeck der Grille[8] und blickte elbwärts. Er machte dabei, als er von dem Bau der Hochbrücke sprach, eine Handbewegung gleich einem Brückenbogen über die Elbe und fügte zu den Höhen am Altonaer Ufer gewendet die Worte hinzu: ›Hier sehe ich ein großes monumentales Bauwerk‹.«[9]

Und kurz danach lieferte der Hobbyzeichner gleich noch eine Bleistiftskizze ab, wie er sich die die Brücke vorstellte: als Hängebrücke mit steinernen Pylonen (Hauptpfeilern), die sich wie

Ein bisschen Brooklyn, ein bisschen Golden Gate: So stellte sich Adolf Hitler nach einer Hafenrundfahrt 1936 eine große Elbquerung westlich des Köhlbrands vor.

repräsentative Portale über dem Elbstrom erheben. Die Ähnlichkeit zur 1883 erbauten Brooklyn Bridge war unübersehbar, auch die damals kurz vor ihrer Einweihung stehende Golden Gate Bridge in San Francisco mag dabei eine Rolle gespielt haben. Die USA galten Hitler ohnehin als Vorbild auf dem Gebiet der Architektur: »Was heißt ›Amerika mit seinen Brücken‹? Wir können genau das gleiche.«[10]

Hitler bezog sich hier freilich nicht auf den Köhlbrand, sondern auf eine Querung des wiedervereinigten Flusses etwa 1000 Meter elbabwärts. Allerdings war dieses Projekt nur zusammen mit einer festen Verbindung über den Mündungsarm der Süderelbe verkehrstechnisch sinnvoll. Mit Wirkung zum 1. April 1937 brachte das »Groß-Hamburg-Gesetz« die Gebiete Harburg-Wilhelmsburg, Altona und Wandsbek zur Freien und Hansestadt, die damit für Stadt und Hafen neue Entwicklungs- und Ausbaumöglichkeiten gewann. Bereits 1910 war das westlich des Köhlbrands gelegene Waltershof zum Hafenerweiterungsgebiet erklärt worden. Eine zukunftweisende Gestaltung von Stadt und Hafen musste ein System von Elbarm- und Elbstromquerungen bieten, das auch den Köhlbrand umfasste.

Die Auszeichnung Hamburgs als eine von fünf »Führerstädten« – neben Berlin, München, Nürnberg und Linz – mit der besonderen Dedikation »Hauptstadt der deutschen Schifffahrt« war eine Verpflichtung für die Stadtplanung. Am 13. August 1937 schrieb die Hamburger Baubehörde einen Architektur-Wettbewerb für das Elbufer mit markanten Fixpunkten aus: Die alten St. Pauli-Landungsbrücken und ein neuer Anleger für die geplanten Kreuzfahrtschiffe der KdF-Flotte[11] sollten die gerade zusammengewachsenen Städte Hamburg und Altona auch optisch verbinden. Das alte Rathaus Altona sollte einem 250 Meter hohen »Gauhochhaus«, flankiert von einer »Volkshalle« für 50 000 Menschen, weichen. (Zum Vergleich: Der als dritthöchstes Gebäude Deutschlands geplante Elbtower an den Norderelbbrücken ist auf 245 Meter Höhe angelegt.)

Der erste Elbtower: Das Gauhochhaus in Altona – dort, wo heute das Rathaus immer noch steht – sollte 250 Meter hoch werden und mit der elbabwärts liegenden großen Elbquerung optisch harmonieren.

Und natürlich sollte Hitlers Traum, eine Hochbrücke über die Elbe nach US-amerikanischem Vorbild, zentral berücksichtigt werden: »Die Lage der Elbhochbrücke wird auf die Lösung der dem Bewerber gestellten Aufgabe von entscheidendem Einfluss sein. Die gewaltigen Baumassen der Elbhochbrücke einerseits und der Randbebauung andererseits, die Straßen, Plätze und Auffahrtsrampen müssen zu einer sinnvollen Einheit zusammengebracht werden.«[12] Dabei konnte 1937 die exakte Lage der Brücke den Architekten noch gar nicht mitgeteilt werden, weil man nicht wusste, wie tragfähig der Untergrund war. Erst zwischen 1938 und 1941 wurden am Altonaer Elbufer vor Övelgönne von speziellen Gerüsten und Bohrschiffen mehr als 400 Probebohrungen zur statischen Voruntersuchung bis in 200 Meter Tiefe durchgeführt. Am Ende stellte sich die »Linie 0« 2450 Meter westlich vom Rathaus Altona als besonders empfehlenswert heraus[13] – ziemlich genau auf der Höhe, wo heute der Fußweg Övelgönne auf das Hans-Leip-Ufer stößt.

Hamburg auf dem Obersalzberg: Hitler zeigt den Gästen in seinem Feriendomizil ein Modell der künftigen »Führerstadt«.

Nachdem die sechs Wettbewerbsbeiträge im April 1938 zunächst in der Hamburger Kunsthalle den Hamburger NS-Größen und Reichswirtschaftsminister Hermann Göring präsentiert wurden, kam es im Januar 1939 in der Neuen Reichskanzlei in Berlin zum Showdown: In Gegenwart von Hitler und seinen engen Vertrauten Albert Speer, Architekt und Generalbauinspektor für die Reichsstadt, und Fritz Todt, Bauingenieur und Generalinspektor für das Straßenwesen, wurde der Entwurf des damals erst 36 Jahre alten Hamburger Architekten Konstanty

Der junge Architekt Konstanty Gutschow setzte sich im Wettbewerb für das »Neue Hamburg« durch.

Gutschow zum Sieger gekürt. Gutschow, in Hamburg bis dato nur durch die Gestaltung des Außenbereichs für das Kaifu-Bad und einiger Einfamilienhäuser in Erscheinung getreten, hatte sich einerseits eng an die Vorgaben gehalten und ließ andererseits am deutlichsten US-amerikanische Einflüsse erkennen. In der Entwurfsphase war er eigens nach New York, Chicago und Detroit gereist, um die neuesten Wolkenkratzer- und Brückenprojekte aus nächster Nähe zu besichtigen. Im Vergleich zu den anderen Wettbewerbsteilnehmern gelang es ihm am bes-

Mit dieser Bleizeichnung vom 21. August 1939 schlug Konstanty Gutschow als freischaffender Architekt eine Alternative zum Entwurf des Brückenbauamtes vor, der höhere Pylonen vorsah und die Wirkung des Gauhochhauses beeinträchtigt hätte.

ten, die ehrgeizigen Vorgaben einigermaßen harmonisch und vergleichsweise modern umzusetzen. »Der ankommende Ausländer wie der deutsche KdF-Urlauber«, erläuterte Gutschow seinen Entwurf, »erwarten mit Recht an der Stelle, wo die Hansestadt an ihren lebensspendenden Strom rückt, keine Grün- und Parkanlagen mehr, sondern die steinernen Verkörperungen von Handel und Wandel.«[14] In der Folge wurde Gutschow der Titel »Architekt für die Neugestaltung der Hansestadt Hamburg« verliehen – weit mehr als eine Ehre: Der junge Architekt war nun außerhalb der Behördenhierarchie dem Hamburger Gauleiter Karl Otto Kaufmann direkt unterstellt.

Der erste Köhlbrandbrücken-Plan

Im August 1939 erstellte Gutschow einen neuen Entwurf der Hochbrücke, die vom Baubrückenamt zunächst wuchtiger geplant wurde. Er verringerte die Pylonenhöhe von 180 auf 150 Meter: »Es bewegt mich, dass Brücke und Hochhaus nicht zusammengehen. Bei der Brücke ist bisher nicht die Hauptsache

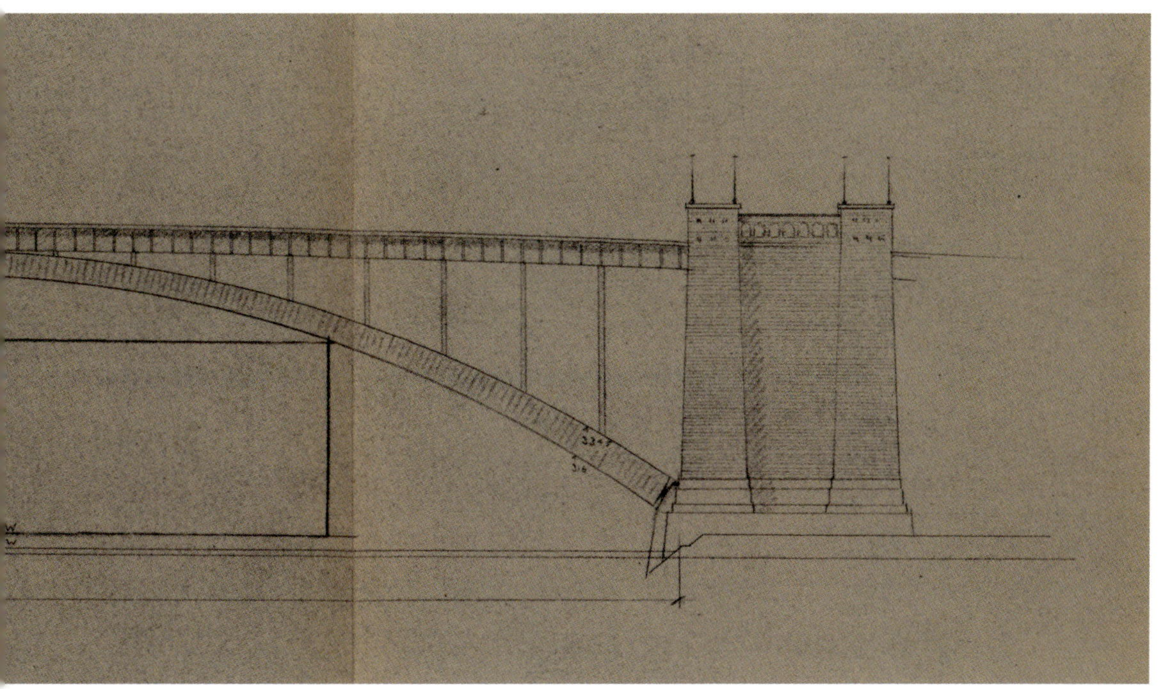

die Brückenöffnung über dem Strom. Sie zerfällt vielmehr in zwei riesige, egozentrische Pfeiler auf jeder Seite des Stroms, die dem Hochhaus Konkurrenz machen.«[15] Die 38 Meter hohe Fassade des Union-Kühlhauses in Neumühlen – heute eine Seniorenresidenz der Augustinum-Gruppe – wurde zur Probe verkleidet, um die optische Wirkung der Pfeilerstruktur zu testen.[16] Im Zuge dieser Überarbeitung und der Einbettung in einen Generalbebauungsplan entstand auch der erste historisch dokumentierte Entwurf für eine Brücke über den Köhlbrand – datiert vom 18. August 1940.[17] Gutschow plante sie als Bestandteil eines Autobahnrings um die Innenstadt. Um diese Brücke von der repräsentativen Elbquerung in auffälliger Hängebrücken-Konstruktion abzusetzen, entschied sich Gutschow für eine schlichtere Bogenbrücken-Konstruktion mit oben liegender, aufgeständerter Fahrbahn. Die Pylonen fallen auf der Skizze mit 60 Metern deutlich niedriger aus als die Hauptpfeiler der Strombrücke, wirken aber mit ihrem nahezu quadratischen Querschnitt besonders massiv wie zwei Türme mittelalterlicher Befestigungsanlagen. Der Entwurf liegt in zwei Versionen vor:

Für den Köhlbrand sah Gutschow eine Bogenbrücke mit aufgeständerter Fahrbahn vor, die eine Durchfahrtshöhe von mindestens 50 Metern erlaubt.

Eine Version zeigt einen flachen Bogen mit großem Radius, der an seiner höchsten Stelle 53,5 Meter lichte Höhe bei mittlerem Hochwasser aufweist, die andere einen steileren Bogen mit kleinerem Radius, der über eine Breite von 200 Metern eine Durchfahrtshöhe von mindestens 50 Metern erlaubt. Erstaunlich ist, dass Gutschow überhaupt schon mit einer solchen Höhe rechnete – die 35 Jahre später für entsprechend moderneren Schiffsverkehr mit großen Containerschiffen gebaute reale Brücke bietet auch nicht mehr als 53 Meter Durchfahrtshöhe (was ihr schließlich zum Verhängnis wurde).

Der Krieg wirft den Hafen um 80 Jahre zurück

Wie die übrigen ambitionierten Pläne für ein nationalsozialistisches Hamburg fiel auch diese Idee für eine erste Köhlbrandbrücke dem Krieg zum Opfer. Die einzige gravierende Folge der Führerstadt-Vision war 1938 die Gründung des Konzentrationslagers (KZ) Neuengamme neben der dort ansässigen Ziegelei als Außenstelle des KZ Sachsenhausen. Dort sollten Häftlinge bis zu 40 Millionen Klinkersteine jährlich für die gigantischen

Bei der »Operation Gomorrha« vom 24. Juli bis zum 3. August 1943 in Hamburg wurden 34 000 Menschen getötet und 277 330 Wohnungen zerstört. Blick von der Nikolaikirche auf das Nikolaifleet.

80 Prozent aller Hafenanlagen – hier ein Luftbild auf Steinwerder Richtung Stadt – wurden im Krieg beschädigt. Die Kapazität sank auf das Niveau von 1865, war aber nach acht Jahren wieder hergestellt.

Bauten herstellen.[18] Doch 1940 begannen die strategischen Bombenangriffe der Alliierten auf deutsche Städte – Hamburg erwischte es erstmals am 18. Mai – und stellten die hiesigen Architekten vor ganz neue Aufgaben. Auch dem jungen Hamburger Stararchitekten Gutschow blieb ab 1941 nur noch wenig Zeit, weiter am Glanz und Gloria der nördlichsten Führerstadt zu planen. Stattdessen entwarf er in seiner neuen Funktion als Leiter des Hamburger »Amts für kriegswichtigen Einsatz« Barackenbauten für Zwangsarbeiter, organisierte Trümmerräumungen und Luftschutzmaßnahmen und verwaltete die Beschaffung von Notunterkünften für ausgebombte Familien. Seinen Traum von der mondänen Führerstadt gab er nicht auf. Nach der verheerenden »Operation Gomorrha«, dem Bombenangriff auf Hamburg in der Nacht vom 24. auf den 25. Juli 1943, bei dem 34 000 Menschen starben und eine dreiviertel Million Einwohner obdachlos wurden, ließ Gutschow verlauten, dass die zerstörten Viertel »nur umso deutlicher und lebendiger das Bild des zukünftigen Hamburgs, des Neuen Hamburgs, vor unseren Augen entstehen« lassen.[19]

Der Hamburger Hafen wird durch den Krieg in seiner Kapazität um 80 Jahre zurückgeworfen. 1945 sind zwei Drittel aller Lagerhäuser zerstört, 80 Prozent der Hafenanlagen und 90 Prozent der Kaischuppenplätze. Acht Jahre und umgerechnet 115 Millionen Euro Investitionen braucht es, um die Schäden zu beheben. Doch die Wirtschaftswunderjahre der jungen Republik lassen den Hafen schnell darüber hinauswachsen. Auch das Gebiet westlich des Köhlbrands wird nun zunehmend für Hafenbetriebe genutzt, die Trajektfähren zwischen Walterhof und Neuhof kommen bald an die Grenze ihrer Kapazität. Reine Autofähren werden an ihre Seite gestellt: 1956 ergänzt die »J. F. Bubendey« den Übersetzungsverkehr, 1961 die »G. L. Wendemuth«. Trotzdem sind Wartezeiten von über 30 Minuten die Regel, bei hoher Auslastung, bis zu 7000 Fahrzeuge pro Tag, kommt es an den Anlegern zu unzumutbaren Zuständen.

Wende in der Frachtschifffahrt

1967 kündigt sich eine Wende an, die den Hafen durchgreifend und nachhaltig verändern wird: Am 31. August legt in Waltershof die »American Lancer« der Reederei United States Lines an, das erste Vollcontainerschiff der Welt. Im gleichen Jahr wird in Hamburg auf dem Kleinen Grasbrook noch das Überseezentrum eingeweiht, der mit 110 000 Quadratmetern größte Verteilerschuppen der Welt für Stückgut-Sammelladungen. Die Architektur des Warenzentrums gilt als richtungweisend, besonders das fast 26 Meter auskragende Vordach und die filigrane Fachwerkkonstruktion aus Stahlrohren. Der Name eines beteiligten Architekten, Egon Jux, wird im Folgenden noch eine bedeutende Rolle spielen. Dem Überseezentrum selbst indes ist nur eine kurze Blütezeit vergönnt, der weltweite Seefrachtverkehr wird

Vorbote eines neuen Zeitalters: Am 31. August 1967 legt in Waltershof mit der »American Lancer« das erste Vollcontainerschiff an.

zunehmend in standardisierten Stahlboxen abgewickelt. Zu spät setzt sich die Überzeugung durch, dass wenigstens Teile des Baus schützenswert sind – 2021 wird der einzigartige Komplex komplett abgerissen.

1968 wird am Burchardkai in Waltershof die erste Containerbrücke in Betrieb genommen, fünf weitere werden bis 1972 folgen. Eine feste Köhlbrand-Querung wird nun das dringlichste Verkehrsprojekt im Hamburger Hafen, zumal 1970 auf der Dradenau noch ein Stahlwerk und auf Finkenwerder eine Aluminiumhütte in Betrieb gehen sollen. Im April 1968 erklärt der Erste Bürgermeister der Hansestadt, Herbert Weichmann: »Innerhalb des hamburgischen Straßenbaus hat der Köhlbrandzubringer oberste Priorität.« Weichmann und sein Wirtschaftssenator Helmuth Kern glaubten damals sogar, dass die Querung »trotz der finanziellen Enge« schon 1972, also vor Fertigstellung der so genannten »Westlichen Umgehung Hamburgs«, der A7, dem Verkehr übergeben werden könne. [20] Das allerdings war dann doch zu optimistisch.

Eine Pfahlbausiedlung, eine Milchmädchenrechnung und Architektur mit Schöpfungsbezug

Planung und Entwurf der Köhlbrandbrücke

Es hat nicht viel gefehlt und alles wäre anders gekommen. Keine Brücke, kein Wahrzeichen, kein Abriss. Sondern ein Tunnel. Ähnlich dem, der bis 2023 als Nachfolger der Köhlbrandbrücke zur Inbetriebnahme um 2034 geplant war. In den ersten Überlegungen Mitte der sechziger Jahre für eine feste Köhlbrandquerung wurde die Untertunnelung als »allein zweckmäßige Lösung« gesehen.[21] Das ergab sich schon aus den zu überwindenden Höhenunterschieden: Die Differenz zwischen der Uferhöhe und dem Fahrbahnniveau wäre bei einem Tunnel nur rund ein Drittel so groß wie bei einer Brücke. Entsprechend kürzer, platzsparender und preiswerter hätten die Rampen ausfallen können.

Ein Tunnel mit fünf Röhren

Am 7. März 1967 informierte der Hamburger Senat die Bürgerschaft, dass »im Hafenerweiterungsgebiet eine günstige Straßenverbindung für Finkenwerder zu der künftigen Anschlussstelle Waltershof der Bundesautobahn Westliche Umgehung und zur Köhlbrandkreuzung (heute Fähre, später Tunnel) eingeplant« werde.[22] Dabei ging man für die Köhlbrandkreuzung von einem 1800 Meter langen Unterwasser-Bauwerk mit fünf Röhren aus: zwei mit je zwei Fahrspuren für den Durchgangsverkehr (»zollinländisch«), eine breitere mit zwei Spuren für den Verkehr vom oder zum Freihafen (»zollausländisch«), eine für den Bahnverkehr und eine für Fußgänger und Radfahrer.[23] Je 750 Meter lang sollten die Rampen auf Waltershof und Neuhof sein, die eigentlichen Tunnelelemente waren auf 300 Meter Länge geplant und sollten in zuvor geschaufelte Gräben auf dem Köhlbrandgrund abgesenkt werden.

Bei genauerer Prüfung ergab sich jedoch ein gravierendes Problem: Die Rampen des Tunnels würden möglicherweise die Pfahlgründungen des Wohngebiets Neuhof beschädigen, von denen niemand mehr wusste, wie tief sie in die pleistozänen Sande ragten.[24] Zwischen Köhlbrand- und Freihafenstraße[25] hatte die Neuhofer Wohnstättengesellschaft von 1910 bis 1914 insgesamt 87 Häuser mit 966 Wohnungen gebaut. Naja, »Wohnungen« trifft es nicht ganz. Es gab zwar einige »Meisterwohnungen« mit Bad und Balkon, aber der überwiegende Siedlungsteil bestand aus so genannten »Lojen«: ein bis zwei kleine Zimmer plus Küche, Toilette im Treppenhaus. Sie wurden vorzugsweise vergeben an die aus Stettin angeheuerten Arbeiter für die Vulkanwerft am

Die Pfahlgründungen der Siedlung Neuhof zwischen Neuhöfer Kanal (links) und Roßkanal verhinderten die zunächst favorisierte Tunnellösung für die Köhlbrandquerung. Der Wohnkomplex lag zwischen Kleingärten (links) und den Anlagen der Hafenbahn.

Roßhafen, die Oelkerswerft am Reiherstieg und die Hamburg-Amerika-Linie am Kaiser-Wilhelm-Hafen und am Ellerholzhafen. Bis zu 3000 Menschen wohnten in den beiden langgezogenen Rechteck-Blocks, in deren enge Innenhöfe nur wenige Stunden die Sonne schien.

Trotzdem – die meisten wohnten gern hier und beteiligten sich an einem regen Stadtteilleben. Schon im Mai 1911 gründeten 16 turn- und faustballbegeisterte Männer den FTSV Neuhof als Abteilung des Sportvereins Vorwärts 93. Eine Sandkuhle an der westlichen Spitze der Insel diente als Trainingsplatz. Ein Jahr später wurde ein Kuhstall zum Kino umfunktioniert, bald danach eröffnete am Anleger die Schankwirtschaft »Am Fährhaus«. Gesangs-, Musik- und die zeittypischen Sparvereine mit Namen wie »Willy Wacker« und »Unter uns« ergänzten den Zusammenhalt. Der Journalist Ernst Riggert beschrieb den ambivalenten Charme von Neuhof 1929 im »Harburger Volksblatt«:

»Das Kernstück von Neuhof sind die beiden Blocks am Köhlbrand, die zusammen mehr als fünfhundert Familien in äußerster Enge beherbergen. Hier wohnen viele Leute, die einst dem ›Vulkan‹ von Stettin nach Hamburg gefolgt sind. Sie bekommen auch jetzt noch Zuzug von dort. Denn in Stettin regiert eine nahezu hoffnungslose Erwerbslosigkeit für alle Werftproleten […] Der Wohnraum ist so außerordentlich knapp, dass für einzelne leere Zimmer der Preis für eine ganze Wohnung geboten und gezahlt wird. Auf den langen, schmalen Höfen leben zwei Reihen laubarmer Linden. Über das Rechteck des Himmels sausen die Wolkengeschwader, steuern groß und niedrig die Verkehrsflugzeuge der Lufthansa. Die Höfe liegen grau und voller Schutt. An Wäscheleinen baumelt es bunt. Kinder wimmeln von Tür zu Tür, spielen in dem Abfall, füllen alles mit Krakehl von früh bis spät. Die Höfe sind böse Spielplätze für sie, denn Asche, Abfälle, alles, was man sonst in Ascheimer zu tun pflegt, das wandert hier in offene Steinkästen und von da einfach auf den Hof, wo es im günstigsten Falle lose mit Erde

bedeckt wird. Demnächst soll dieser Hygieneskandal aufhören. Aber die öden Höfe müssen weiter unerleuchtet und schmutzig bleiben, die Sonne bleibt abgesperrt.«[26]

Ein bedrohter Stadtteil wehrt sich

Die Bewohner indes beurteilten das Leben in Neuhof zum allergrößten Teil deutlich positiver. »Die Lage war ideal«, erinnert sich Willi Adomeit, der ab seinem Geburtsjahr 1937 bis 1978 an der Ecke Vulkanstraße/Nippoldstraße wohnte und über viele Jahre die Gaststätte »Adomeit Neuhof« führte. »Wir hatten den schönsten Badestrand Hamburgs, eine Fährverbindung in die Stadt und eine gute Infrastruktur: eine Tankstelle, zwei Schlachter, einen Gemüsehändler, zwei Kohlehändler, drei Friseure, einen Spielplatz, einen Arzt und einen Zahnarzt. Vor allem aber war der Zusammenhalt einzigartig.« Sein Cousin Walter Happernagl, ab 1958 in Neuhof, ergänzt: »Jeder kannte jeden. Wenn man abends nochmal um den Block ging, ergaben sich immer Gespräche. Heute fehlt mir das sehr. Man kennt ja oft noch nicht einmal die Leute, denen man im Treppenhaus begegnet.«

An der Westseite von Neuhof lag ein im Sommer beliebter Badestrand, der »schönste Hamburgs«, wie Alt-Neuhöfer heute noch sagen.

Die Bomben des Zweiten Weltkriegs rissen zwar gravierende Lücken in die Siedlung, die aber von der Neuen Heimat, die die Häuser 1951 übernahm, bald wieder geschlossen wurden. Die Flut 1962, die im übrigen Wilhelmsburg fatale Schäden anrichtete und allein dort 207 Opfer forderte, sorgte im höher gelegenen Neuhof »nur« für überflutete Keller und nasse Erdgeschoss-Wohnungen. Kein großes Problem für die Männer Neuhofs, die auf der Werft als Handwerker, Techniker und Fachkräfte tätig waren.

Diese besondere Gemeinschaft des Stadtteils war neben den unklaren Pfahlgründungen ein weiterer Grund, warum der Hamburger Senat bei der Planung der Köhlbrandquerung auf die Neuhöfer Rücksicht nahm. Dazu kam, dass Ausweichwohnraum Ende der sechziger und Anfang der siebziger Jahre kaum zur Verfügung stand – die Großsiedlungen Kirchdorf-Süd, Steilshoop, Mümmelmannsberg und Osdorfer Born wurden erst zwischen 1972 und 1976 fertiggestellt. Auch die Tatsache, dass in den Wahlurnen in der Neuhöfer Schule praktisch nur SPD-Stimmen landeten, mag eine Rolle gespielt haben.[27]

Das zweite starke Argument gegen die lange favorisierte Tunnellösung war die klamme finanzielle Situation der Hansestadt. Auch wenn der Bund eine Beteiligung von 50 Prozent für die meisten Bauaufwendungen zugesagt hatte – nicht inkludiert waren die Kosten für Entwurfsbearbeitung, Bauverwaltung und Änderungen der Versorgungsleitungen –, sollte die Köhlbrandquerung über fünf Jahre eines der größten Haushaltstitel für ein Verkehrsprojekt sein. Für die unterirdische Variante einschließlich der Zubringer kalkulierte die vom Amt für Strom und Hafenbau, die Vorgängerorganisation der HPA, eingesetzte Arbeitsgruppe Baukosten in Höhe von 270 Millionen Mark (davon 255 Millionen für den Tunnel an sich), die jährlichen Betriebskosten schätzte sie auf eine Million Mark. Für die Kostenberechnung der Brücken-Alternative bediente man sich eines Tricks. Eigentlich hätte man für einen fairen Vergleich Tunnel/Brücke die gleiche Kapazität zu Grunde legen müssen – also sechs Fahrspuren plus Schienenwege plus Fuß- und Radweg. Das tat man aber nicht, sondern berechnete nur eine »1. Baustufe« der Brückenlösung mit der listigen Begründung: Niemand könne genau absehen, wie sich der Verkehr ab 1975 auf der dann fertig gestellten A7 inklusive des Elbtunnels entwickele. Bis dahin aber würde eine vierspurige Brücke ausreichen. Weitere Fahrspuren könne man bei Bedarf mit dem Bau einer südlich benachbarten Zwillingsbrücke schaffen.[28] Beim Tunnel sei diese Stufenlösung konstruktiv und wirtschaftlich nicht umsetzbar.

Und so kam es, dass letztlich ein Apfel mit einer Birne verglichen wurde. Wenig überraschend schnitt die Brücke nun deutlich wirtschaftlicher ab: 129 Millionen Mark ergab die Schätzung der Baukosten, 600 000 Mark für die jährlichen Unterhalts- und Betriebskosten. Für die Eisenbahn war eine gesonderte Querung 2,6 Kilometer südlich der Straßenbrücke zwischen Moorburg und Hohe Schaar geplant, die mit weiteren 30 Millionen Mark veranschlagt wurde. Die Schienenführung neben den Fahrspuren hätte wegen der bis zu vierprozentigen Steigung die maximale Länge der Züge auf zehn bis 15 Waggons beschränkt. Deshalb zogen die Planer eine bewegliche Brücke vor, wie sie

Für die Eisenbahn-Querung über den Köhlbrand wurde 1973 eine separate Hubbrücke eingeweiht, die auch lange Güterzüge ermöglicht: die Kattwykbrücke. 2020 wurde 50 Meter nördlich eine weitere, größere Hubbrücke in Betrieb genommen. Über die alte Brücke fahren heute nur noch Autos und Fahrräder.

Zwischen Köhlbrand- und Kattwykbrücke (nicht im Bild) liegt seit 2002 das nahezu vollständig automatisierte Containerterminal des Hamburger Hafens: Altenwerder. Das Foto wurde vom Moorburger Deich aufgenommen, einem der besten Fotospots für Hafeninteressierte.

mit der im März 1973 eingeweihten Kattwyk-Hubbrücke dann auch realisiert wurde.

Die Einschränkung des Schiffsverkehrs durch die begrenzte Durchfahrtshöhe spielte bei diesen Überlegungen keine große Rolle. Die Arbeitsgruppe prüfte zwar auch bewegliche Brückenkonzepte wie Hub-, Klapp- oder Drehbrücken. Doch die hohe Frequenz an Seeschiffen auf dem Köhlbrand – 60 pro Tag plus Binnen- und kleinere Hafenfahrzeuge – hätten den Verkehrsfluss von Lastwagen und Autos ähnlich zerstückelt wie die Fähren. Und so einigte man sich auf die beruhigende Feststellung: »Die Schifffahrt wird durch die [Durchfahrtshöhe von NN +53 Meter] nicht beeinträchtigt ... Betroffen werden im Wesentlichen einige spezielle Schwimmgeräte, deren Einsatz oberhalb der Brücke aber nicht zwingend ist.«[29] Dass zu diesen »speziellen Schwimmgeräten« einmal alle großen Containerschiffe gehören werden, konnten sich die Experten damals nicht vorstellen. Diese folgenschwere Fehleinschätzung gewann im weiteren Verlauf der Hafenentwicklung insofern an Bedeutung, als ausgerechnet südlich des Nadelöhrs Köhlbrandbrücke, auf dem Gebiet des ehemaligen Dorfs Altenwerder, gut 25 Jahre später das modernste Containerterminal des Hafens entstand.

Die billigere Lösung entpuppt sich als die teuerste

Ironie der Geschichte: Die damals so verlockende Sparvariante erweist sich aus heutiger Sicht als die teuerste Lösung. Das Fazit des Senats, »allein die Baukosten des Unterwassertunnels betragen nahezu das 1,5-fache der Aufwendungen für die Brückenlösung«,[30] berücksichtigte nicht die deutlich längere Lebensdauer des unterirdischen Bauwerks. Zudem hätte ein Tunnel von Anfang an neben der Höhenbeschränkung der Schifffahrt auch die Kapazitätsprobleme der »halben« Brückenlösung vermieden. Und natürlich hätte man sich auch die nun spätestens ab 2042 anfallenden Abrisskosten des jetzigen Bauwerks gespart.

Schwamm drüber! Architektur- und Technikbegeisterte verzeihen diese Fehlkalkulation gerne – bescherte sie der Hansestadt doch ein faszinierendes Highlight der Brückenbaukunst. Wenige Wochen nach jenem 18. April 1968, an dem der damalige Wirtschaftssenator Helmuth Kern die Öffentlichkeit über die geplante Hochbrücke, »eines der eindrucksvollsten Bauvorha-

Im April 1968 gab der Hamburger Wirtschafts- und Verkehrssenator Helmuth Kern bekannt, dass über dem Köhlbrand eine Brücke entstehen soll.

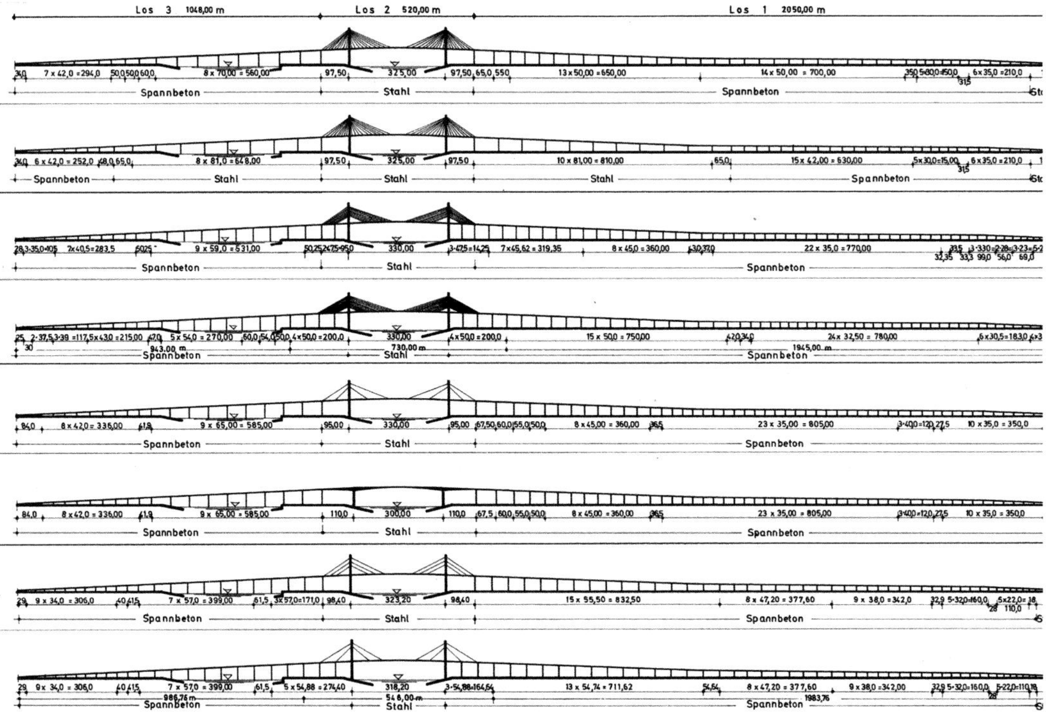

Los 3 1048,00 m — Los 2 520,00 m — Los 1 2050,00 m

Spannbeton — Stahl — Spannbeton

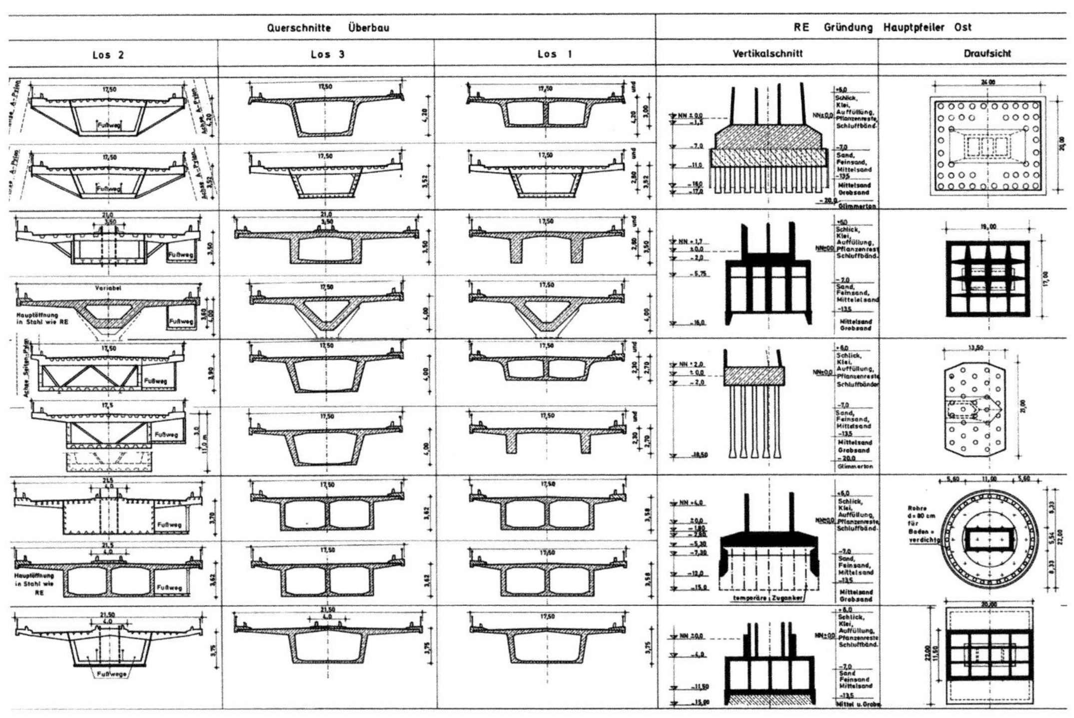

ben Norddeutschlands«,[31] informierte, wurde ein Entwurfswettbewerb ausgeschrieben. 20 Bewerbungen lagen bis zum Herbst vor, die meisten von Gemeinschaften, einige von Einzelfirmen. Nach einer ersten Sichtung erhielten fünf Bietergruppen mit je fünf bis acht Einzelfirmen zum Jahreswechsel 1968/69 vom Amt für Strom- und Hafenbau die Verdingungsunterlagen mit der Auflage, Entwurf und Angebot innerhalb von fünf Monaten abzugeben.[32] Als Unkostenbeitrag wurden 50 000 Mark pro Bieter gezahlt.[33]

Die fünf Konsortien reichten neun Vorschläge ein, von denen sich acht auf den ersten Blick ziemlich ähnlich sahen: Sie folgten dem Prinzip der Schrägseilbrücke, bei der der Fahrbahnträger über schräg gespannte Seile an einem oder mehreren – in diesem Fall zwei – Pylonen aufgehängt ist. Im Vergleich zur konstruktiv verwandten Hängebrücke wie beispielsweise der Golden Gate Bridge ist eine Schrägseilbrücke preiswerter und

Seite 44:
Im Prinzip waren sich die Wettbewerbsteilnehmer weitgehend einig: Acht der neun Vorschläge sahen die Bauart der Schrägseilbrücke vor. Die Unterschiede betrafen vor allem Anzahl und Art der Aufhängungen der Tragseile.

Ursprünglich sah der Siegerentwurf von Egon Jux einen Brückenzwilling vor. Realisiert wurde nur die nördliche Variante, doch beim Bau wurde die Erweiterung berücksichtigt.

Die Straßenbrücke (im Bild vorne) über den Canal de Donzère-Mondragon an der Rhône von 1952 gilt als die erste moderne Schrägseilbrücke.

wirkt noch eleganter, weil sie auf die so genannten »Hänger« an den eigentlichen Tragseilen verzichtet. Das Bauprinzip wurde wohl zuerst an Bambusbrücken in Zentralafrika und Südostasien verwendet.[34] Die erste moderne Schrägseilbrücke wurde 1952 in Frankreich über dem Canal de Donzère-Mondragon errichtet, fünf Jahre später mit der Düsseldorfer Theodor-Heuss-Brücke die erste in Deutschland eingeweiht. Der neunte Entwurf war eine schlichte Deckbrücke auf Stahlträgern, die aber keine nennenswerten Kostenvorteile bot und in ihrer schmucklosen Form nicht überzeugen konnte. Als »technisch, wirtschaftlich und ästhetisch optimal«[35] kristallisierte sich schließlich der Entwurf heraus, den der Hamburger Architekt Egon Jux zusammen mit den Bauingenieuren Paul Boué und Hans Wittfoht für eine Arbeitsgemeinschaft von Bauunternehmen unter der Führung der Philipp Holzmann AG eingereicht hatten.

Die Handschrift des Schöpfers verlängern

Jux war in Hamburg kein Unbekannter. An drei ikonischen Bauten der Stadt hatte der 1927 in Königsberg geborene, bei Werner Hebebrand und Le Corbusier geschulte Architekt bis dato schon mitgearbeitet: Vom spektakulären Überseezentrum, das

Egon Jux hatte für Hamburg bereits die 1963 eingeweihte Norderelbbrücke entworfen, eine inzwischen ebenfalls unter Denkmalschutz stehende Schrägseilbrücke, die die Stadtteile Wilhelmsburg und Rothenburgsort verbindet.

zur Zeit der Brückenausschreibung gerade mal ein Jahr alt war, war schon die Rede (siehe Seite 34). Bereits 1962 wurde das 22-geschossige Polizeipräsidium am Berliner Tor nach seinen Plänen fertiggestellt – Jux gewann 1956 den Wettbewerb noch als Student. Heute gilt das inzwischen von weiteren Hochhäusern flankierte Gebäude vielen als »einziger Corbusier-Bau Hamburgs«[36] und steht unter Denkmalschutz. Ein Jahr später wurde die Norderelbbrücke zwischen Wilhelmsburg und Rothenburgsort eingeweiht, bei deren Entwurf Jux der Bauingenieur Hellmut Homberg zur Seite stand. Auch wenn Verkehrsminister Hans-Christoph Seebohm sie anfangs als »Raketenabschussrampe«[37] verspottete, weil ihre Pylonen weit über die Seilverankerung hinausragten, wurde sie doch zunehmend als besonders filigrane Schrägseilbrücke geschätzt.[38] Europaweit machte sich Jux als Pontifex 1965 einen Namen mit der Großherzogin-Charlotte-Brücke, die 73 Meter über dem Tal der Alzette das Stadtzentrum Luxemburgs mit dem Europaviertel auf dem Kirchberg-Plateau verbindet.

Eine beeindruckende Referenzliste, die der damals erst 41-jährige Architekt mit Büro im Hochbunker am Heiligengeistfeld vorzuweisen hatte. Seinen Stil entwickelte Egon Jux in der Auseinandersetzung mit so gegensätzlichen Weltanschauungen wie dem französischen Existenzialismus, den er an der Pariser Universität Sorbonne kennenlernte, und dem Schöpfungsverständnis der Zeugen Jehovas, denen er sich, »von tiefer Religiosität geprägt«,[39] anschloss und für die er in München einen aufsehenerregenden Kongresssaal entwarf. Eine schillernde Persönlichkeit zweifellos, über die man gerne mehr erfahren würde, als es die wenigen noch lebenden Zeitzeugen heute zulassen. Jux, der zum Zeitpunkt des Wettbewerbs gerade zum fünften Mal Vater geworden war, blieb zeitlebens öffentlichkeitsscheu und ließ lieber seine Werke für sich sprechen. Weggefährte Siegfried von Hopffgarten, der zehn Jahre lang und zuletzt als Geschäftsführer mit Jux zusammenarbeitete, erinnert sich:

»Der Schlüssel für sein umfangreiches Werk an Verkehrsbauten liegt in Jux' Verständnis für deren Rolle in der Umwelt. Er sprach nicht von Architektur, sondern von Gestaltung. Ingenieur und Architekt werden zu gleichwertigen Partnern, die gemeinsam an einem Strang ziehen. Die ihre Funktionen ausdrückende Form kann per se angemessen gestaltet sein, ohne nachträglich architektonisch hübsch gemacht werden zu müssen. Die Natur zeigt dies vorbildhaft.«

Jux ahmte also nicht etwa als Architekt die Schöpfung nach, sondern folgte nur deren Prinzip, dass jede Form in Flora und Fauna Ausdruck der evolutionären Entwicklung einer bestimmten Funktion ist. Er verlängerte quasi – in seinem Selbstverständnis – die Handschrift des Schöpfers in seine Bauten. Seine Wohnhäuser nannte er »Buchenblätter«, »Krabben«, »Raupen« oder, wie sein Eigenheim in Bergedorf, »Schneckenhaus«. Der Münchener Versammlungssaal der Zeugen Jehovas erhebt sich wie eine Kolonie aus Kräuterseitlingen über dem Olympiapark.

Und auch die Köhlbrandbrücke verstand Jux »vegetativ«: Die Betonpfeiler, sagte er zur Einweihung dem Nachrichtenmagazin »Der Spiegel«, wüchsen wie Pflanzenstengel aus dem Boden, die Pylonen seien wie eine »geschlossene Blüte« gestaltet, die Straße eine »Frucht«.[40] Für alle diese Merkmale lassen sich genauso gut konstruktive Argumente finden. Ganz im Jux'schen Sinn: der Architekt als Partner des Ingenieurs – und umgekehrt. Tatsächlich sind die über 60 sichtbaren Betonpfeiler keine plumpen Quader, sondern laufen in der Mitte der Längsseite auf einen Einschnitt zu, sind also quasi gegürtelt. Was mit etwas Fantasie an zwei sich gegenüberstehende Pflanzenstiele erinnert, ist gleichzeitig ein statischer Kniff für mehr Traglast. Zum organischen Eindruck der Pfeilerphalanx trägt auch bei, dass sie nicht in einer starren Abfolge, sondern in variierenden Abständen zwischen 25 und 70 Meter stehen. Nicht nur ein gestalterisches Mittel, sondern vor allem ein Gebot des Umfelds. Im Rugenberger Hafen auf der Westseite sollte die Schifffahrt nicht durch unnötige Hindernisse beeinträchtigt werden, und auf der Ostseite war der Wohnsiedlung Neuhof nur so viel Blickbehinderung wie unbedingt erforderlich zuzumuten.

Die Pylonen als »Blütenkelche« zu formen – oder, geometrisch statt metaphorisch ausgedrückt: als Drachen –, war damals weltweit einzigartig. Heute findet man vergleichbare Haupttragpfeiler zum Beispiel in St. Petersburg an der Großen Obuchowski-Brücke von 2004 und an der Brücke Honghe im südostchinesischen Zhuhai von 2020. Die Drachenpylonen verbinden die Steifigkeit der A-Pylonen, bei denen zwei im spitzen Winkel aufeinander zulaufende Stahlträger auf einem Brückenhauptträger die Fahrbahn stützen, mit einer sehr kompakten Standfläche. Bei der Köhlbrandbrücke fädelt sich die Straßenführung in die Öffnungen der »Kelche« wie in ein Nadelöhr ein. »Die Fahrbahn scheint dabei ein wenig zu schweben«, schwärmt der Hamburger Architekturexperte Sven Bardua, »nur von dünn wirkenden, zeltartig aufgespannten Stahlseilen gehalten. Das dynamisch geformte Mittelstück über dem Fluss und die kurvige Fahrbahn der Westrampe verleihen dem Ganzen zudem einen besonderen Schwung.«[41] Die vier paarweise zueinander geneigten Seilwände mit je 22 Tragseilen unterstreichen diese Dynamik durch

ihre segelartige Anmutung. Dabei hilft die Anordnung der Seile im »Fächer«, wie Brückenbauer die Verspannungsart der Köhlbrandbrücke nennen. Die Seile laufen weder parallel (»Harfe«), was eher statisch wirkt, noch am Pylon in einem Punkt zusammen (»Büschel«), was dem Bauwerk einen unausgewogenen Eindruck geben kann.

Die Fächeranordnung der jeweils 22 Tragseile pro Seite und deren Ausrichtung geben dem Bauwerk aus jeder Perspektive eine zugleich dynamische und harmonische Anmutung.

Es ist in der Tat erstaunlich, wie filigran sich die Brücke von allen Seiten präsentiert. Erst recht, wenn man bedenkt, dass hier 81 000 Kubikmeter Beton und 4300 Kubikmeter Stahl verarbeitet wurden. Damals war es kein Kriterium, aber heute sollte man es zumindest erwähnen: Allein dieser Materialeinsatz verursachte 67 200 Tonnen Kohlendioxid – so viel, wie 4000 Mittelklasse-Autos auf jeweils 100 000 Kilometern Fahrleistung ausstoßen.

Wer noch genauer auf die Details schaut, entdeckt weitere Zitate des Architekten aus der Natur. So orientiert sich die Farbe der Pylonen und des stählernen Hohlkörpers – RAL 5001 »Grünblau«[42] – an der Farbe der Elbe bei bedecktem Himmel, wie er für Hamburg typisch ist. Und die Spitze der Pylonen schlägt einen thematischen Bogen zur Luft: Sie sind tief eingekerbt wie ein Schwalbenschwanz.

»Schönste Brücke des Kontinents«

Mit seiner Devise, die konstruktiven Notwendigkeiten in eine natürliche Formensprache zu übertragen, ist Jux ein international anerkanntes und auch von vielen Architekturlaien geliebtes Bauwerk gelungen. 1975 wurden Jux und Boué im spanischen Torremolinos mit dem europäischen Stahlbaupreis für die »schönste Brücke des Kontinents« ausgezeichnet. Aus statischer Sicht bewährte sich die gestalterische Leitlinie ebenso. Im Windkanal der Technischen Universität München hielt ein Modell der Köhlbrandbrücke selbst der Orkan-Windstärke 12 mit Windgeschwindigkeiten über 120 Kilometern

Ein Jahr nach ihrer Öffnung wurde die Brücke als »schönste des Kontinents« ausgezeichnet. Eigentlich sind es drei: die geschwungene Westrampe auf der Waltershofer Seite, die Strombrücke zwischen den Pylonen und die schnurgerade Ostrampe auf Neuhof. Im Vordergrund trennt die A7 den Waltershofer Hafen mit dem Eurogate-Terminal vom Rugenberger Hafenbecken, in dem die Füße der Brücke stehen. Rechts zwischen A7 und Brückenrampe das Zollamt. Von links aus gesehen geht vom Köhlbrand zunächst der Roßkanal links ab, dann der Neuhöfer Kanal. Gleich nebenan zweigt links die Rethe ab, rechts der Sandauhafen, während der Köhlbrand am rechten Bildrand das Terminal Altenwerder ansteuert. Zwischen Rethe und Köhlbrand liegt das Auto-Terminal, am Sandauhafen das Massengut-Terminal.

Auch die Einfahrt zum Elbtunnel gestaltete Jux mit Zitaten aus der Natur: Die drei Öffnungen wirken wie aufgeworfene Regenwurm-Bohrungen. Die später hinzugekommene vierte Röhre folgt dem Prinzip nicht mehr.

pro Stunde problemlos stand.[43] Besondere Maßnahmen zur Schwingungsdämpfung schienen zur Erleichterung des Architekten nicht notwendig.[44] An der Rheinbrücke Duisburg-Neuenkamp beispielsweise wurden zeitweise ästhetisch fragwürdige »Störseile«, später dann Kabelschellen montiert, die die Tragseile quer verbinden.

Trotzdem war der Architekt am Ende nicht ganz zufrieden. Was weniger an dem vergleichsweise bescheidenen Honorar von 115 000 Mark lag, sondern vielmehr daran, dass die 88 Tragseile entgegen seines Entwurfs nicht wulstförmig, sondern unverkleidet in die Pylone einmündeten. Jux: »Eine Öffnung darf nicht nur ein Loch sein – auch der Mensch hat schließlich Lippen, Augenwimpern, Ohrmuscheln.«[45]

Gut 1500 Meter nordwestlich der Brücke lässt sich an einem anderen Bauwerk deutlich erkennen, was der Architekt meinte: Der im Januar 1974, vier Monate nach der Köhlbrandquerung eingeweihte Elbtunnel zeigt an seinem von Jux gestalteten Südportal, wie organisch profane Löcher wirken können. Die drei – natürlich in RAL 5001 gestrichenen – Röhrenausgänge wirken wie Erdhaufen, die von drei parallel sich ausgrabenden Regenwürmern aufgeworfen wurden.

Ab dem 8. Mai 1970 wird der Entwurf von Egon Jux und Paul Boué Schritt für Schritt Wirklichkeit. An diesem Tag löst der damalige Hamburger Wirtschaftssenator Helmuth Kern mit einem kräftigen Zug an der Leine den ersten Rammschlag aus. Nur drei Jahre und fünf Monate später, am 25. Oktober 1973, schweißt der Politiker die zwei letzten Stahlteile mit der symbolischen »Goldenen Naht« zusammen.[46]

Für Jux war der neue »Triumphbogen für Hamburgs Hafen«[47] der Ritterschlag. In den Folgejahren entstanden an seinen späteren Bürostandorten Darmstadt und Potsdam bis kurz vor seinem Tod 2008 zahlreiche weitere sehenswerte Verkehrsprojekte – unter anderem die Flößerbrücke in Frankfurt am Main, die Spektebrücke in Berlin-Spandau, die Havelbrücke in Rathenow, die Schleibrücke in Kappeln und der S-Bahnhof Ludwigshafen-Mitte. Doch keiner dieser Bauten erreichte annähernd die Berühmtheit der Hamburger Köhlbrandbrücke.

Vorstoß in die Voreiszeit, Bürgerproteste und ein Monsterkran

Zum Bau der Köhlbrandbrücke

Wo findet man festen Grund für ein Bauwerk, das selbst schon fast 100 000 Tonnen wiegt und dazu noch eine dynamische Traglast von täglich rund 35 000 Fahrzeugen zu schultern hat? Wie herausfordernd diese Frage für die Planung der Köhlbrandbrücke war, wird nach einem kurzen Blick auf die Erdgeschichte deutlich. Die Elbe hat sich vor rund 14 500 Jahren am Rand der schmelzenden Gletscher ausgebildet. Ihr Urstromtal in der Norddeutschen Tiefebene sammelte das Schmelzwasser der letzten Eiszeit und führte es in ziemlich gerader Linie nordwestlich zur Nordsee. Der Grund des Flusses besteht aus lockeren Sandablagerungen und Sedimenten. Auch der Landboden in dem Binnendelta, das die Elbe bei Hamburg ausbildet, ist nicht viel stabiler: Immer wieder wurde er von Hochwassern überspült, die die Landschaft mit feinkörnigem Material überzogen haben. Genau in diesem Zweistromland, gewissermaßen dem Mesopotamien Norddeutschlands, sollte nun über vier Kilometer eine Brücke entstehen, deren ursprüngliche Lebensdauer mit 100 Jahren kalkuliert wurde.

Etwa 100 Erkundungsbohrungen entlang der geplanten Trasse waren notwendig, bis der Baugrundsachverständige ein zuverlässiges Konzept empfehlen konnte. Schnell war klar, dass auf dem lockeren Boden keine Dammaufschüttung für die Vorlandbrücken auf Waltershof und Neuhof möglich war. Selbst Höhenunterschiede von wenigen Dezimetern – wie am Auslauf der Ostrampe in Neuhof – mussten mit tief verankerten Pfeilern abgestützt werden. Die Bohrkerne der Probebohrungen förderten zunächst Weichschichten aus Klei, Schlick, Faulschlamm und Torf zu Tage, dann vergleichsweise lockeren Sand, bis sie schließlich dichter gelagerte Sand- und Schluffschichten enthielten. Dieses Halt gebende Material, ein geologischer Gruß aus dem Pleistozän vor der letzten Eiszeit, lag im Planungsraum der Brücke bis zu 20 Meter unter dem Gelände.[48] In dieser Tiefe lassen sich natürlich nicht wirtschaftlich Betonpfeiler gründen – die Menge an Aushub wäre gigantisch. Darum stellte man die Brücke auf zwei Arten von Füßen. Die sichtbaren überirdischen Betonpfeiler stehen ihrerseits auf einer Vielzahl von schmaleren Pfählen, die sich unterirdisch bis zu 18 Meter tief ausbreiten.

Mit dem Rammbär ins Pleistozän

Rammpfähle sind die effektivste Methode, auf so tiefem Grund fest zu bauen. Von einem Vortreiberrohr geführt, schlägt ein schwerer Rammbär im freien Fall auf einen Pfropfen, der das Erdreich verdrängt. Der von einer Ramme hochgezogene Bär hämmert nun so oft auf den Pfropfen, bis er in der gewünschten Tiefe sitzt. Der vom Vortreiberrohr umschlossene Raum wird dann mit Beton aufgefüllt. Das Bindeglied zwischen den Pfählen in der Erde und dem Pfeiler darüber ist die Pfahlkopfplatte, die die Last gleichmäßig auf die von ihr bedeckten Pfähle verteilt. Die Anzahl der Pfahlgründungen pro Pfeiler variiert, ebenso die Länge der Pfähle. Der Pfeiler mit der Nummer 114 zum Beispiel (das ist der 15. Pfeiler westlich des Westpylons) steht auf 26 Rammpfählen, die ihrerseits zehn Meter lang sind und einen Durchmesser von 50 Zentimetern haben.

Die Gründungen der Brückenpfeiler auf Land wurden entweder mithilfe eines knapp 10 Tonnen schweren Rammbären (links) in den Boden getrieben oder mit einem Dreischalen-Großbohrer (rechts).

Im Rugenberger Hafen hämmerte eine Schwimmramme die Stahlrohre für die Pfeilergründungen in den Beckengrund.

Mit diesem, nach dem Erfinder Edgard Frankignoul »System Franki« genannten Verfahren wurden die meisten der insgesamt 1700 Pfähle in den Boden getrieben. Es ist schnell, wirtschaftlich und hat darüber hinaus den willkommenen Vorteil, dass die Rammung gleichzeitig den Boden rund um die Pfähle weiter verdichtet. Die beiden Pylonen und die 16 Pfeiler, die östlich der Ostpylonen parallel zu Neuhof verlaufen, stehen jedoch auf Bohrpfählen, bei denen der Boden nicht verdrängt, sondern durch die Bohr-

Die damals neuartige Gleitschalungsbauweise ließ die Pfeiler mit einer Steiggeschwindigkeit von 20 bis 40 Zentimetern pro Stunde in den Himmel wachsen.

schnecke ausgehoben wird. Warum? Bei der Gründung der Pylonen war ausschlaggebend, dass man die geplante zweite, südlich sich anschließende Köhlbrandbrücke so dicht wie möglich an die bestehende bauen konnte. Das Rammverfahren erfordert aber zur Abstützung auch schräge Pfähle, die einen größeren Abstand zur Folge gehabt hätten. Deshalb stehen die beiden Pylonen auf jeweils 48 zehn Meter langen, lotrechten und von Spundwänden gegen Wasser geschützten Großbohrpfählen, 1,3 Meter im Durchmesser dick, die durch eine 5,5 Meter starke Pfahlkopfplatte aus Stahlbeton statisch verbunden sind. Um die Dimensionen mal anschaulich zu machen: Das nicht sichtbare Fundament der Pylonenpfeiler – 26,1 Meter lang, 20,1 Meter breit und 15,5 Meter hoch – hat in etwa die Größe eines vierstöckigen Wohnblocks mit fünf 100-Quadratmeter-Wohnungen pro Stockwerk.

Der Einsatz der aufwändigeren Bohrpfähle auf der Neuhof-Seite hatte noch einen anderen Grund: Bereits die Ausschreibung sah vor, dass man in der Nähe der Wohnsiedlung auf das Rammverfahren verzichtet, um durch die damit verbundenen Erschütterungen nicht die alte Bausubstanz weiter zu gefährden. Trotzdem waren die Neuhöfer Bürgerinnen und Bürger in größter Sorge um ihr Quartier, noch bevor die Bauarbeiten begannen.

Sorge um eine Ghettoisierung Neuhofs

Nördlich der Nippoldstraße, genau dort, wo die Baustelle für die Ostrampe eingerichtet werden sollte, befanden sich eine Tankstelle, eine Fahrradwerkstatt, zwei Kinderspielplätze, zahlreiche Kleingärten und rund 100 wellblechgedeckte Garagen, die die handwerklich geschickten Neuhöfer in Eigenarbeit (und ohne Grundbucheintrag) errichtet hatten. Wer heute die vom Durchgangsverkehr kaum beachtete Nippoldstraße fährt, kann sich das rege Treiben rechts, links und auf der Fahrbahn vor dem Brückenbau kaum vorstellen. Knapp 2500 Bewohner auf der einen Seite, Spielplätze, Garagen, Gärten auf der anderen Seite – und dazwischen eine der von Lastwagen am meisten genutzten Straßen Hamburgs ohne Fußgängerübergang. Kein Wunder, dass die Nippoldstraße als unfallträchtigste Straße im Bezirk Harburg galt.[49] Aber der Verkehr gehörte zur besonderen Lage Neuhofs von Anfang an dazu. Dass mit dem Brückenbau wichtige Teile der Infrastruktur entfallen sollten, wog weitaus schwerer: »Neuhof wird sich zu einem Ghetto entwickeln«, befürchtete der SPD-Fraktionsvorsitzende des Wilhelmsburger Ortsausschusses, Otto Asmussen.[50] Die zunächst für die Baustelle und später dann für die Pfeiler entfallenen Flächen einfach woanders zu schaffen, war auf der Elbinsel nicht möglich: Auf der einen Seite stand das Wasser im Weg, auf der anderen Seite die Hansa-Mühle und das Kraftwerk.

Als die Senatoren Helmuth Kern (Wirtschaft) und Caesar Meister (Bauwesen) sich im Juli 1968 den Fragen und Sorgen der Neuhöfer stellen, ist der Versammlungsraum schnell gefüllt. Die Aula der Schule Neuhof – übrigens eines von zwei Gebäuden des Stadtteils, die auch heute noch stehen – fasst die 500 Interessierten nicht. Weitere Klassenräume werden schnell mit Lautsprechern ausgestattet, damit alle den Ausführungen der Regierungsvertreter folgen können. Kern versucht erst gar nicht, die Lage schön zu reden. Ja, durch den Brückenbau werde es zu weiteren Einschränkungen der Wohnqualität kommen.

Und nein, für Garagen und Spielplätze sehe man derzeit keine Ausweichflächen. Aber: Alle Neuhöfer, die wegziehen wollen, erhielten an anderer Stelle – wenn möglich in Wilhelmsburg – bevorzugt Sozialwohnungen. Ein entsprechendes Schreiben mit Antrag werde in den nächsten Tagen verschickt. Als wolle er möglichst viele Neuhöfer zur Unterschrift bewegen, ergänzt Meister: Neuhof sei bereits seit Januar 1956 als Industrie- und Hafenerweiterungsgebiet ausgewiesen. Nur der großen Wohnungsnot und dem guten baulichen Zustand der Siedlung sei es zu verdanken, dass der Senat einen Abriss derzeit nicht erwäge.[51] Der Brief, von beiden Senatoren unterzeichnet, schloss im ersten Entwurf mit einem Absatz, der später gestrichen wurde – nicht nur wegen der offensichtlichen Interpunktionsfehler: »Wir wissen, dass es schwer sein wird Verständnis zu finden, wenn wir Ihnen sagen müssen, dass Ihre Wohnungen, durch Baumaßnahmen nicht mehr das sein werden, was sie einmal waren.«[52] Aber die Botschaft kam auch so rüber.

Bis Ende November 1968 bekundeten 495 Mietparteien ihr Interesse an einem Umzug, knapp 100 davon waren sogar bereit, sich dauerhaft nördlich der Elbe anzusiedeln. Doch etliche Fa-

Obwohl die Neuhöfer sich mit der Brücke arrangiert hatten, musste der Stadtteil der Hafenindustrie weichen. 1970 kündigte die »Neue Heimat« noch grundlegende Sanierungen an, 1979 wohnte hier niemand mehr. Die Straße Köhlbranddeich führte über den Roßkanal zum Terminal Tollerort.

milien hatten sich offensichtlich nur vorsorglich gemeldet. Und als sich herumsprach, dass nur einem Teil preiswerte Wohnungen aus dem Bestand im Tausch angeboten werden können, der Mehrheit aber Neubaumieten zugemutet werden müssen, erlosch das Interesse rasch.[53]

Zwei Jahre später, die Bauarbeiten hatten gerade begonnen, konnte sich die »Neue Heimat« über mangelndes Interesse an den alten Neuhöfer Wohnungen nicht beschweren. Die wenigen Wohnungen, die die wegzugswilligen Familien freimachten, waren bald wieder belegt: vornehmlich durch ungarische Gastarbeiter. Der Direktor der »Neuen Heimat Nord«, Adalbert Höhne, kündigte 1970 ein Investitionsvolumen von zwölf Millionen Mark an, um den Komfort der nach wie vor beliebten Wohnungen auf ein zeitgemäßes Niveau zu bringen. 300 Badezimmer mit WC sollten die Klosetts auf halber Treppe ersetzen, die Fenster und Fassaden neu gestrichen, die Öfen erneuert und Gemeinschaftsantennen installiert werden.[54]

Doch dazu kam es nie: »Die haben uns bis zum Schluss hingehalten«, sagt Willi Adomeit, der bis zum endgültigen Abriss des Stadtteils 1979 die Gaststätte »Adomeit Neuhof« mit viel Hingabe und Fantasie betrieb. An die Einschränkungen während des Baus – den Lärm, die Erschütterungen, den zusätzlichen Baustellenverkehr – erinnert er sich heute versöhnlich zurück: »Wir haben es locker ertragen.« Nicht wenige Neuhöfer freuten sich auch über die neuen Arbeitsplätze, die da unmittelbar vor ihrer Haustür entstanden. Und die Rentner genossen den abwechslungsreichen Blick auf die Baustelle von den neuen Bänken am Köhlbranddeich. Die hatte die Baubehörde als kleinen Komfortausgleich aufstellen lassen.[55]

Ein Großteil der Pfeiler steht und wartet auf die Überbauten: aus Beton an den Rampen, aus Stahl über dem Fluss. Im Vordergrund das Rugenberger Hafenbecken, auf der anderen Seite des Köhlbrands zwischen Roßkanal und Neuhöfer Kanal die Halbinsel Neuhof mit der langgestreckten Wohnsiedlung und den Silos für Futtermittel und Pflanzenöl.

Millimeterarbeit in 150 Meter Höhe

Und zu sehen gab es viel während der 1962 Tage, an denen im Durchschnitt 100 Arbeiter gleichzeitig an der Köhlbrandquerung bauten.[56] Ein Tempo, das Brückenbauern heute noch Respekt abnötigt. Paul Boué, der verantwortliche Bauingenieur, schaute 1974 zufrieden zurück: Die Arbeiten seien »trotz ungewöhnlicher Abmessungen und besonderer Bedingungen planmäßig und ohne Zwischenfall ausgeführt« worden.[57] Ein Verdienst der damals modernsten Baumethoden. Die mächtigen Betonstützen wurden im Gleitschalungsverfahren errichtet, bei der eine hydraulisch angetriebene Arbeitsbühne kontinuierlich und optisch makellos den Pfeiler wachsen lässt. Dabei wurden 20 bis 40 Zentimeter Steiggeschwindigkeit pro Stunde erreicht[58] – die beiden längsten Betonsegmente, die der Trennpfeiler 0 und 100 mit gut 41 Meter Länge, konnten so in knapp sechs Tagen errichtet werden.

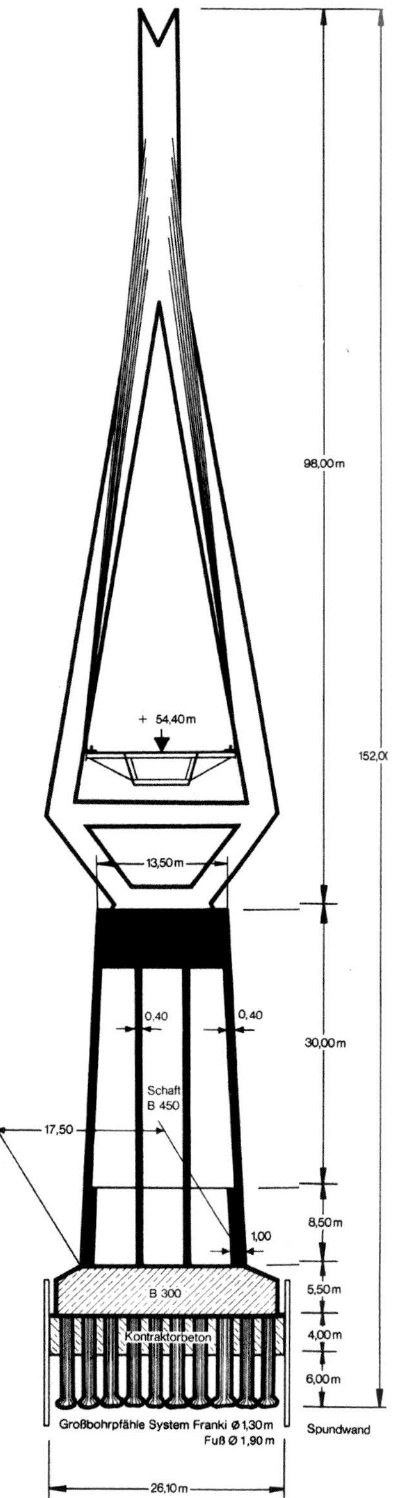

Querschnittszeichnung einer Pylone: Der nicht sichtbare Teil ragt knapp 16 Meter tief in den Grund. Das Drachenprofil war eine architektonische Erfindung von Egon Jux, die später Schule machte.

Leben unter der Brücke: Die Aussicht der Neuhöfer wurde eingeschränkt, aber der Verkehr auf der Nippoldstraße drastisch entlastet. Sie war einst die unfallträchtigste Straße in Wilhelmsburg.

Die Betonüberbauten der Westrampe waren zuerst montiert, die Strombrücke wurde als letztes vervollständigt. Im Vordergrund der Roßkanal.

Eine geradezu artistische Meisterleistung war das Aufsetzen der stählernen Pylonen auf die betonierten Pfeilerschäfte. Dabei musste die knapp 100 Meter lange, 700 Tonnen schwere Stahlkonstruktion auf 150 Meter Höhe über Gelände angehoben und dann millimetergenau auf die 204 vertikalen Stäbe aufgefädelt werden, die aus dem Pfeilerkopf ragten. Das Wetter sorgte für eine weitere Erschwernis: An jenen Tagen im April 1972, als der Ostplyon aufgebaut wurde – das westliche Pendant entstand im Dezember –, blies ein Sturm bis zu Windstärke 9 über den Köhlbrand hinweg. Die Montage eines Zylinderkopfs auf einen Reihenachtzylinder, nur mal so als Beispiel, muss dagegen ein Klacks sein.

Die Pylonen waren zwar in jeweils zwölf Segmente aufgeteilt – so genannte »Schüsse« –, die erst vor Ort verschweißt wurden. Zwar galt der Werkstoff ST52-3 als besonders formstabil und

Für den Aufbau der Pylonen kam der damals größte Autokran der Firma Rosenkranz zum Einsatz, gezogen von einem Sattelschlepper mit luftgekühltem Zwölfzylinder.

gut schweißbar, doch die Schüsse wogen immer noch zwischen 45 und 110 Tonnen. Diese Aufgabe konnte nur einer lösen: der Rosenkranz K10001, der damals größte Autokran der Welt von der auf Transport- und Montageprobleme spezialisierten »Bohne-Gruppe«. Die Hubkraft des Monsterkrans lag bei 1000 Tonnen, die maximale Auslegerlänge betrug 203 Meter. Gezogen wurde er auf einem zehnachsigen Sattelzug von 23 Metern Län-

Der stählerne Versteifungsträger der Strombrücke wurde aus 34 Teilen zusammengesetzt, die bis zu 134 Tonnen wogen.

ge, angetrieben von einer Zugmaschine vom Typ Faun L1412/51 10x8 mit einem luftgekühlten (!) Zwölfzylinder-Dieselmotor von Deutz, der seine 340 PS per Zwölfganggetriebe auf die Straße brachte.[59] Später wurde der K10001 noch für das Anheben der Kuppeln von Atomkraftwerken eingesetzt. Das Ungetüm erledigte den Job in nur 60 Stunden, aufgeteilt auf sechs Tage.

Auch für die Brückenbauten der Rampen wurden die damals modernsten Verfahren eingesetzt. So entstanden die Spannbeton-Überbauten der beiden Rampen – 1896 Meter im Osten, 1048 Meter im Westen – überwiegend mit einer freitragenden Vorbaurüstung, die ein starres, auf dem Boden verankertes Gerüst überflüssig machte. Der Werkstoff, Beton der Güteklasse B450, zeichnete sich durch eine sehr hohe Druck- (30 Newton pro Quadratmillimeter) und Zugfestigkeit (1 N/mm^2) aus. Komplizierter wurde es direkt über dem Köhlbrand. Hier war zwischen den Pylonen der stählerne Versteifungsträger anzubringen, auf dem die Fahrbahn ruht. Er wurde in 32 Sektionen von 16 bis 20

Die Hamburger Firma »Harms Bergung« stellte den Schwimmkran Magnus XII her, der auf dem Köhlbrand zum Einsatz kam.

Meter Länge angeliefert und zwischen April und Oktober 1973 über dem Strom mithilfe des Schwimmkrans »Magnus XII« montiert. Seine maximale Hubkraft von 600 Tonnen reichte locker für die 100 bis 142 Tonnen schweren Teile. Für die Stahlüberbauten zwischen den Pylonen und den Trennpfeilern kam wieder ein Autokran zum Einsatz.

Ein folgenschwerer Fehler

Im gleichen Takt, in dem der Versteifungsträger über den Köhlbrand wuchs, wurden die Tragseile montiert. Die 88 Stahlseile, 54 bis 110 Millimeter stark im Durchmesser und insgesamt 400 Tonnen schwer, wurden kompakt in aufgerollter Form angeliefert. Leider nicht *just in time,* also zur sofortigen Montage. Einige Seile liegen über zwei Monate notdürftig abgedeckt in der aggressiven Hafenluft, in der Industrie-, Kraftwerksabgase und die Meeresnähe Korrosionsprozesse beschleunigen. Das wird sich schon bald als größter und teuerster Fehler beim Bau erweisen. Die Seile sind nicht galvanisch verzinkt, weil dieses Verfahren in der Vergangenheit zu vorschnellen Brüchen geführt hatte und deshalb bereits in der Ausschreibung des Projekts ausgeschlossen wurde. Stattdessen behalf man sich mit je zwei 50 Mikrometer dünnen Beschichtungen aus Leinöl-Bleimennige – ein schon bei den Phöniziern bekanntes Konservierungsverfahren – und Eisenglimmerfarbe. Doch das reichte nicht aus, um Lagerungsschäden zu vermeiden, wie sich später herausstellen wird. Entweder waren die Schichten zu dünn oder es lag an der zu langen Zeit zwischen den einzelnen Schichtaufträgen (bis zu 200 Tage).[60]

Die letzte Lücke: Jetzt wartet das Bauwerk nur noch auf das 34. Teil, das der Schwimmkran bringen wird.

Die Überbauten der Auffahrten – hier die Westrampe über dem Rugenberger Hafen – wurden ohne bodenbasiertes Gerüst mit einer freitragenden Vorbaurüstung erstellt.

Hier setzt der Schwimmkran Magnus 12 das letzte Teilstück der Strombrücke ein. Nun darf Richtfest gefeiert werden.

Doch noch ist niemandem die Tragweite des Problems bewusst. Im Herbst 1973 laden das Amt für Strom und Hafenbau und die Behörde für Wirtschaft und Verkehr ein zur »Richtfeier für die Köhlbrandbrücke am 25. Oktober 1973«. Es ist Donnerstag, eine geschlossene Wolkendecke hängt über der Hansestadt, vereinzelt schauert es. Doch das kann die Stimmung nicht trüben. Um 13:30 Uhr hängt Magnus XII das 34. und letzte Teilstück der Strombrücke

Nach drei Jahren Bauzeit ist der Rohbau der Brücke fertiggestellt, der westliche und der östliche Hafenteil verbunden. Im Hintergrund zieht sich das Band der A7, die zu diesem Zeitpunkt noch nicht freigegeben ist.

ein. Bis auf eine Fuge von einem halben Meter sind nun Waltershof und Neuhof verbunden. Kein Problem für Senator Helmuth Kern, der gegen eine symbolische Maut von zehn Silbermünzen als erster *per pedes* und trockenen Fußes von der Ost- zur Westseite des Köhlbrand wechseln darf. Zuvor hat ihm der Polier Alfred Heckers die Schuhe geputzt – einem alten Brückenbauer-Aberglauben gemäß, nach dem kein Schmutz von der einen auf die andere Seite der Brücke getragen werden darf – und den Hut mit den Worten hingehalten: »Uns zur Ehr, Ihnen zum Dank, nehm' ich Trinkgeld in Empfang.« (Augenzeugen zufolge soll Kern statt der Silbermünzen einen 50-Mark-Schein hineingeworfen haben.)[61] Bevor es für die geladenen Gäste auf eine zweieinhalbstündige Hafenrundfahrt geht, zeigt sich Kern in seiner Ansprache tief beeindruckt von dem neuen Wahrzeichen für die Hansestadt:

»Von einem verantwortungsvollen Politiker erwartet man, dass er zu jeder Zeit mit beiden Beinen fest auf dem Boden der nüchternen Realität steht. Dennoch gibt es auch in dem vom Terminkalender diktierten Tagesablauf des Politikers bisweilen

Momente, in denen es schwerfällt, nicht ins Schwärmen zu geraten. [...] Vermutlich werden sehr viele Hamburger ganz ähnlich empfinden. Die Hochbrücke über den Köhlbrand [...] stellt nicht einfach nur ein technisches Hilfsmittel dar, um das Hindernis des Wasserweges zu überwinden. Sie ist mehr. Diese Brücke ist beispielsweise auch eine Bereicherung des Hamburger Stadtbildes, weithin sichtbar über den ständig wachsenden Hafen hinaus, und sie gehört für mich zu den schönsten Brücken überhaupt.«[62]

Improvisierter Beleuchtungstest an der Rethe-Hubbrücke

Vom Richtfest bis zur Inbetriebnahme vergehen noch elf Monate. Zeit für Detailarbeiten. Zum Beispiel für die Installation der Beleuchtung. Dabei mussten weit mehr Anforderungen berücksichtigt werden als bei anderen städtischen Durchgangsstraßen. Unter anderem musste vermieden werden, dass die Steuerfrauen und -männer in den Ruderhäusern der die Brücke passierenden Schiffe geblendet werden. Des Weiteren waren lange Wartungsintervalle und kurze Wartungszeiten erwünscht, um möglichst selten die Fahrbahn durch Betriebsfahrzeuge zu blockieren. Auch sollten die Leuchten im Bereich zwischen den Pylonen »eine geometrische und optische Harmonie mit den Tragseilen« bilden.[63] Man berücksichtigte sogar, dass sich der optische Gesamteindruck durch eine zweite parallele Brücke mit gleichartiger Beleuchtung nicht verschlechtern sollte.

Die Wahl fiel schließlich auf gerade, konisch zulaufende Masten mit so genannten Mastansatzleuchten, die jeweils zwei Quecksilber-Hochdampflampen à 125 Watt trugen.[64] Die Blendwirkung auf die Schifffahrt wurde an der (2018 abgebauten und durch eine Klappbrücke ersetzten) Rethe-Hubbrücke getestet. Dabei wurden die Leuchten provisorisch auf der Brücke montiert, die zwischen den 50 Meter hohen Hubtürmen auf eine Durchfahrtshöhe von 42 Metern geliftet werden konnte. Von einer Barkasse in der Rethe aus wurde dann für verschiedene Höhen die Blendungen beobachtet. Entsprechend versah man die Leuchten über dem Köhlbrand mit Blendschutzen und mit einer Silikatglasabdeckung.

Spät entschieden wurde auch die Frage, wie die beiden Richtungsfahrbahnen zu trennen sind. Das Amt für Strom- und Hafenbau hielt eine simple durchgezogene Linie für ausreichend, da »es sich um eine Stadtstraße handelt, die nur mit Geschwindigkeiten um bzw. etwas über 50 km/h befahren werden soll«.[65] Der große Schwerlastverkehr werde für eine weitere Verlangsamung sorgen – und obendrein sei diese Lösung auch preiswerter als eine aufwändige bauliche Trennung. Das Bundesverkehrsministerium, das immerhin fast die Hälfte der Kosten trug, zeigte sich zunächst einverstanden, dann aber überwogen die Bedenken. Der fast vier Kilometer lange »anbau- und kreuzungsfreie Hochstraßenabschnitt« sei doch weniger »mit einer normalen Stadtstraße als mit einer Schnellstraße wie der Wilhelmsburger Reichsstraße zu vergleichen«, bei der »das Fehlen eines Mittelstreifens mit abweisender Leitrichtung erhebliche Probleme und Gefahren gezeitigt habe«. Im Übrigen wüchsen mit der Höhe der Fahrbahn auch die Gefahren durch Witterungseinflüsse wie Sturm und Glatteis.

Nach längerem Hin und Her setzte sich das »Team Vorsicht« durch und es wurden schließlich doch noch Betonsockel mit Leitschwellen zwischen den Richtungsfahrbahnen eingebaut, obwohl diese Lösung die Baukosten um 4,5 Millionen Mark erhöhte.[66] Sechs Jahre nach der Inbetriebnahme war man trotzdem auch im »Amt für Strom- und Hafenbau« glücklich mit dieser Lösung:

»Die inzwischen gesammelten Erfahrungen – insbesondere die wiederholten, aber immer wieder vergeblichen Versuche, die Einhaltung der Geschwindigkeitsbegrenzung zu erzwingen – haben die damalige Entscheidung sicher gerechtfertigt.«[67]

In der Planungsphase hatte man eher mit zu langsamen Autofahrern gerechnet, die das spektakuläre Panorama über Hamburg, seinen Hafen und sein Umland genießen wollen. Deshalb war von vornherein klar, dass das Brückengeländer mit einer engen Sprossenteilung zu versehen ist, die beim Vorbeifahren wie eine Jalousie wirkt.

Besorgte Laien diskutierten derweil eine ganz andere Frage, und das mit einem Ernst, der die Debatte schließlich in die Presse trieb: »Haben die Planer der Köhlbrandbrücke Sicherheitseinrichtungen vernachlässigt? Werden die in schwindelnder Höhe dahinrollenden Fahrzeuge in Gefahr sein, bei Glatteis und Orkan reihenweise abzustürzen?«[68] Müsste die Fahrbahn nicht tunnelartig umschlossen werden, zumindest mit einer starken Drahtkäfig-Konstruktion? Baudirektor Rudolf Schwab vom Amt für Strom- und Hafenbau konnte die Gemüter beruhigen: »So etwas finden Sie bei keiner anderen Brücke im Hamburger Raum oder in anderen Ländern. Sicherheit vor dem Heruntergewehtwerden bei Windstärke um 12 geben extra hohe Leitplanken und dahinter ein besonders kräftiges Stahlgeländer.«[69]

Kieslaster parken über Nacht auf der Brücke

Zehn Tage vor dem Beginn der Einweihungsfeierlichkeiten stand der Brücke noch ein im Wortsinn schwerwiegender Belastungstest bevor. So ähnlich wie 90 Jahre zuvor die Tragfähigkeit der Brooklyn Bridge mit der gleichzeitigen Überquerung von 21 Elefanten, sieben Kamelen und zehn Dromedaren öffentlichkeitswirksam unter Beweis gestellt wurde, bestellte das Amt für Strom und Hafenbau für den 10. September 1974 einen Konvoi von Kieslastern zum Härtetest. Die ersten voll beladenen Lastwagen rollten ab sieben Uhr morgens mit einem Gesamtgewicht von 240 Tonnen auf die Ostrampe, ein weiteres Geschwader mit 320 Tonnen auf die Westrampe. Dabei wurden an kritischen Stellen statische Messungen vorgenommen, die die Vorlandbrücken problemlos bestanden. Auf der Strombrücke über dem Köhlbrand parkten in der darauffolgenden Nacht 58 Kieslaster mit insgesamt 2300 Tonnen Gewicht sechs Stunden lang. Die

Der erste Belastungstest: Ein Konvoi aus Kieslastern überquert die Brücke für letzte statische Messungen vor der Inbetriebnahme. Die beiden Fahrtrichtungen werden durch massive Leitplanken getrennt – ein erst spät realisierter Sonderwunsch.

Durchbiegung der Brücke unter dieser außergewöhnlichen Belastung entsprach der errechneten Erwartung und gab keinen Anlass zur Sorge.

Dass am Ende die Kosten des Bauwerks 25 Prozent über dem Plan lagen – 160 Millionen statt 129 Millionen Mark –, hat der

Hamburger Rechnungshof zwar pflichtgemäß gerügt.[70] Doch die Antwort der Behörde zeigt, dass an keiner Stelle leichtsinnig mit Steuergeldern umgegangen wurde. Der große politische Druck, die feste Querung angesichts der chronisch überlasteten Fähren so schnell wie möglich fertigzustellen, führte zu vergleichsweise kurzen Fristen für die Angebotsabgabe und -prüfung. Dabei wurden in der Eile einige Detailfragen außer Acht gelassen, die später teuer nachverhandelt werden mussten. Zeitweise waren mit dem Brückenbau bis zu 28 Mitarbeiter des »Amts für Strom- und Hafenbau« in Vollzeit beschäftigt. Von der nachträglichen Aufteilung der Richtungsfahrbahnen, dem größten ungeplanten Einzelposten, war schon die Rede. Dazu kamen noch ein aus Sicherheitsgründen geändertes Lagersystem für die Spannbetonüberbauten der Rampen, das zum Teil Neuentwicklungen einzelner Teile zur Folge hatte.[71] Eine Schrägseilbrücke dieser Länge und Höhe, damals nach der Rheinbrücke Neuenkamp in Duisburg die zweitlängste des Landes, ist eben kein seriell zu erstellendes Systemhaus.

Je mehr die Brücke ihre Pracht entfaltete, umso mehr versöhnten sich auch die Neuhöfer mit dem Bauwerk, das nun unmittelbar vor ihren Türen und Fenstern stand. Sie hatte ja auch Vorteile. Die Aussicht, dass sich bald die Lastwagen-Schlange von der Nippoldstraße auf die Hochbrücke verlagern würde, erleichterte vielen den Umgang mit baubedingtem Lärm und Staub. So erinnert sich jedenfalls der langjährige Gastronom Willi Adomeit. Und dann erzählt er noch, wie er mit seinem Cousin Walter Happernagl die Brücke auf ganz individuelle Weise »getauft« hat. Happernagl war einer der sechs Maler, die die Stahlkonstruktion über dem Köhlbrand mit dem Farbton RAL 5001 lackiert haben. Deshalb hatte er einen Schlüssel zum Innenraum der Pylonen, in denen Steigleitern bis hoch zu einem ausziehbaren Balkon auf der Schwalbenschwanz-Spitze führen. Da standen nun eines Sommertags kurz vor der Einweihung Willi und Walter – und machten das, wozu Männer manchmal animiert werden, wenn sich vor ihnen eine unermessliche Tiefe auftut ...

20. September 1974, 10:30 Uhr: Der frisch vereidigte Bundespräsident Walter Scheel gibt die Fahrbahn offiziell frei – zunächst nur für Fußgänger. Im Hintergrund Peter Schulz, von 1971 bis Ende Oktober 1974 Erster Bürgermeister der Freien und Hansestadt Hamburg. Die steife Westbrise begünstigt Hut-, Helm- und Mützenträger.

Willi Adomeit war mit seiner legendären Gaststätte auch in die offiziellen Einweihungsfeierlichkeiten eingebunden, die am 20. September 1974 begannen. »Zur Eröffnung haben wir für die Bauleitung ein Buffet für 200 Personen bereitgehalten – mit drei Leuten!«, erinnert er sich. Cousin Walter schwärmt heute noch von der Currywurst (»220 Gramm!«), den warmen Rundstücken und den Steaks, die im »Adomeit Neuhof« grundsätzlich mit einer aus Knochen gewonnenen Soße serviert wurden: »So was kriegst du heute nicht mehr.«

Tumulte an der Münzenausgabe

Das Wochenende 20. bis 22. September 1974 ist fest im kollektiven Gedächtnis der Stadt verankert. Bevor am 23. September um 6 Uhr die ersten Autos in 55 Meter Höhe über den Köhlbrand rollten, gab das »Amt für Strom- und Hafenbau« die Brücke für

Fußgänger frei. 600 000 Menschen nutzten die Möglichkeit, an einem der drei Tage ihre Stadt aus einer völlig neuen Perspektive zu sehen. Und das trotz Schmuddelwetters mit Schauern und Windstärke 8. »Das war bis dahin mein längster Spaziergang«, erinnert sich Sven Silligmüller, damals fünf Jahre alt. Heute noch verbindet der Programmierer mit dem Anblick der Brücke die Erinnerung an jenen Tag im September. Und eines weiß er auch noch: »Um die Medaillen für die erfolgreiche Querung gab es ein Riesengedränge.«

Um die knappe Zahl der Gedenkmünzen gab es am Eröffnungstag Gerangel – später wurden so viele nachgeprägt, dass sie kaum Sammlerwert besitzen.

Von der 34 Millimeter im Durchmesser großen Kupfermünze, die auf der einen Seite das Wappen der Stadt, auf der anderen die Strombrücke mit Pylonen und Tragseilen zeigt, hatte die Behörde für Wirtschaft und Verkehr zunächst nur 50 000 Stück herstellen lassen. Man hatte das Interesse an dem Einweihungswochenende drastisch unterschätzt – die quantitativ gravierendste Fehlplanung in der Baugeschichte der Brücke. Gleich am ersten Tag kam es zu Tumulten an der Ausgabe. Heute hätte vielleicht ein unmittelbar auf Instagram gepostetes Selfie zur Dokumentation gereicht, aber damals hatten nur haptische Beweise einen Wert. Die Menge der Menschen, die 3,6 Kilometer gewandert waren, drängte sich um die Ausgabe, Tische fielen um, Kinder schrien, die Ausgabe-Helfer flüchteten sich auf das Dach ihres Kleinbusses. Zwei ältere Menschen erlitten einen Herzanfall, der Rettungswagen bahnte sich nur mühsam den Weg durch die Menge. Als die Polizei per Lautsprecherwagen um »ein geordnetes Einreihen« bat, erntete sie nur Gelächter. Die Bilanz: zwölf Leichtverletzte und ein verdatterter Wirtschaftssenator: »Mit solchem Andrang haben wir nicht gerechnet.« In den Nachmittagsstunden wurden am Hauptbahnhof Kinder gesichtet, die die Gedenkmünze – Materialwert zwölf Pfennige – zur Aufbesserung ihres Taschengelds für zwölf Mark verhökerten. An den Folgetagen gab man improvisierte »Berechtigungsscheine« aus, die die Wanderer zwischen den Ufern zwischen dem 1. Oktober und dem 30. November gegen das Erinnerungsstück tauschen konnten. Kostenlos.[72]

Davon abgesehen, lief alles nach Plan. Walter Scheel, noch keine 100 Tage im Amt des Bundespräsidenten, hatte seinen Antrittsbesuch in der zweitgrößten deutschen Stadt auf die Brückeneröffnung am 20. September terminiert. Nach einer Hafenrundfahrt gab das Staatsoberhaupt pünktlich um 10:30 Uhr

Beim dreitägigen Volksfest gewannen 600 000 Menschen eine neue Perspektive auf die Hansestadt.

die Fahrbahn auf der Neuhöfer Seite für die Fußgänger frei – mit einem Zitat des Sachsenkönigs Friedrich August: »Nu, denn latschen wir mal nieber.« Sprachs – und setzte sich mit dem Hamburger Bürgermeister Peter Schulz und Wirtschaftssenator Kern in seine Mercedes S-Klasse und brauste davon. Mit dem nachfolgenden Konvoi aus Mercedes-Strich-Acht-Limousinen, in denen unter anderem seine Frau Mildred saß, fuhr das Staatsoberhaupt Richtung Waltershof, von dort nordwärts auf die noch nicht freigegebene Autobahn 7. Bei der Einfahrt in den gerade fertiggestellten Elbtunnel erlaubte eine Wolkenlücke strahlenden Sonnenschein, aber als Scheel in Othmarschen wieder ans Tageslicht kam, empfing ihn zu seiner großen Verwunderung ein heftiger Schauer. Mit einer Besichtigung des damals drei Jahre alten Krankenhausbaus von Werner Kallmorgen in Altona und einer Alsterschifffahrt endete der erste Hamburg-Besuch des neuen Bundespräsidenten.[73]

Derweil hatten die Hamburger ihre neue, mit Deutschland- und Hamburg-Fahnen festlich geschmückte Brücke in Beschlag genommen. Kaum waren die Honoratioren verschwunden, überrannten Kinder und Jugendliche die dünne Polizeikette und starteten damit den Volkslauf früher als geplant. Jeder wollte der erste auf dem Scheitelpunkt sein – aber da baumelte in großer Höhe schon ein anderer: Der »Klettermaxe« und »Stuntman der Wirtschaftswunderära«, der »Mann mit Mut und ohne Nerven«, Arnim Dahl,[74] hatte sich an einem Hubschrauber hängend über das Bauwerk tragen lassen. Nicht alle Besucherinnen und Besucher konnten mit Höhe so souverän umgehen. Einige Spaziergänger klagten über Schwindelgefühle – und bekamen von den Helfern des »Deutschen Rotes Kreuzes« ein Schnäpschen.

15 Schausteller verwandelten die Finkenwerder Straße vor der Waltershofer Brückenrampe in einen Mini-Dom mit Kinderkarussell, Schießhalle und Spielautomaten. Und natürlich gab es Fischbrötchen, Zuckerwaren und gebrannte Mandeln. Sonderbusse nach Waltershof und Neuhof, zusätzliche Fähren und Straßenbahnen (Linie 2 zwischen Rathausmarkt und Mengestraße) sorgten für einigermaßen reibungslose An- und Abfahrten der Festbesucher. Und der von den Bauarbeiten so gebeutelte Stadtteil Neuhof kam kurzzeitig zu besonderen Ehren. Die Bahn setzte Sonderzüge vom Hauptbahnhof bis zum Tanklager

Weltkrieg und Brückenbau hatte Neuhof überstanden. Aber das Hochwasser 1976 besiegelte das Ende der Siedlung. Der dem Köhlbrand am nächsten stehende Teil mit der Gaststätte »Adomeit« wurde als letztes abgerissen.

»Hansamatex« (heute »Vopak Terminal«) ein und nannte die Endstation drei Tage lang »Bahnhof Neuhof«.[75]

Fünf Jahre später kamen wieder Baumaschinen nach Neuhof. Aber nicht, um die einst geplante zweite Köhlbrandbrücke zu bauen, sondern zum Abriss des Wohnblocks. Das Januarhochwasser 1976, bei der die Elbe wesentlich höher auflief als 1962, die aber glücklicherweise nur Sachschäden anrichtete, hatte die Parterre-Etagen unbewohnbar gemacht und hinterließ Schäden an der Bausubstanz, die eine grundlegende Sanierung erfordert hätten. Außerdem ließ der Erweiterungsbedarf des Hafens nun angeblich keine Wahl mehr. Die verbliebenen Neuhöfer verstreuten sich in alle Himmelsrichtungen. Aber vor den Corona-Jahren trafen sich bis zu 500 von ihnen alle zwei Jahre im Wilhelmsburger Bürgerhaus oder in Willi Adomeits neuer Gaststätte »Pianola« am Vogelhüttendeich. Und wenn sie dafür über den Köhlbrand fahren mussten und auf der Ostrampe südwärts schauten, taten sie es mit dem sentimentalen Gefühl: »Hier unter der Brücke, da ist unsere Heimat.«[76]

Geheimnisvolle Hohlräume, Beinahe-Katastrophen und außergewöhnliche Polizeieinsätze

Wartung, Instandhaltung und Verkehrsgeschehen auf der Köhlbrandbrücke

In dem Aufzug der Brücke gibt es nur zwei Knöpfe für die Zieleingabe: »Oben« und »Unten«. Zwischen den Ebenen liegen 45 Meter. Wahlweise bietet sich die Treppe an. Über 220 Stufen führt sie ebenfalls nach »Oben« – zum trapezförmigen Hohlkasten unter der Fahrbahn der Strombrücke. Dieser einzellige, 520 Meter lange »Tunnel« hat vor allem eine statische Funktion. Er sichert die Biege- und Torsionssteifigkeit des Brückenkörpers. Aber ursprünglich war er für mehr Aufgaben auserkoren. In dem 3,5 Meter hohen Tunnel sollten Fußgänger nicht nur trockenen Fußes, sondern bei Regen auch trockenen Hauptes von der einen auf die andere Seite des Köhlbrands kommen.

»Es war von vornherein klar«, sagt Hermann Jonetzki, Diplom-Ingenieur und Bauwerksprüfer der HPA von 1978 bis 2012, »dass man die Fußgänger und Radfahrer nicht bei Wind und Wetter über die langen Rampenstrecken schicken konnte, also wurde hierfür eine wettergeschützte, eben verlaufende Verkehrsebene geplant.«[77] Über die Aufzüge in den beiden Trennpfeilern – das sind die Pfeiler neben den Pylonen, auf denen die Stahlbrücke

Ein Blick in das südliche Bein der Ostpylone: Nur mit entsprechender Kletterausrüstung darf die Steigleiter benutzt werden, die bis zu einem aufklappbaren Balkon im Schwalbenschwanz hinaufführt.

Dieser Hohlkasten des Stahlträgers unter der Fahrbahn war ursprünglich für Fußgänger und Radfahrer gedacht. Doch die dafür notwendige 24-Stunden-Videoüberwachung erschien zu teuer, weshalb der Übergang nur für Wartungsarbeiten genutzt wird.

in die Betonrampen übergeht – sollten Hafenarbeiter und Spaziergänger auf kurzem Wege zwischen Neuhof und Waltershof pendeln können. Das gleiche Prinzip, wie es seit 1911 im Alten Elbtunnel praktiziert wird. Nur eben mit Über- statt Unterwasserquerung, aber mit ebenso wenig Aussicht: Fenster waren in dem Hohlkasten nicht vorgesehen. (Dass er heute trotzdem ein Bullauge hat, ist die Folge eines schweren Unfalls – dazu später mehr.)

Tücken im Detail verhinderten schließlich, dass dieser Plan Wirklichkeit wurde. Analog zum Alten Elbtunnel hätte es, so Jonetzki, »einer dauerhaft im Schichtdienst besetzten Betriebszentrale« bedurft, wodurch die Unterhaltskosten erheblich gestiegen wären. Außerdem hätten die an den Rändern des Hohlkastens verlaufenden Kabelbahnen und Versorgungsleitungen inklusive der Löschwasserrohre für die Feuerwehr sicher abgeschottet werden müssen. Mit der Folge, dass die Arbeit im Not- oder Wartungsfall erheblich behindert worden wäre.

Inzwischen weisen nur noch die Türen in den Trennpfeilern darauf hin, dass hier einmal ein öffentlicher Eingang geplant war. Von der Nippoldstraße und vom Rugenberger Damm aus kann

HPA-Ingenieur Tomas Buhr vor dem Eingang zu Lift und Treppe: In den Hauptpfeilern neben den Pylonen befinden sich die Personenaufzüge zum Übergang im Hohlkasten. Alternativ lässt es sich über 220 Treppenstufen hochsteigen.

man sie sehr gut einsehen. Tomas Buhr, Fachgebietsverantwortlicher bei der HPA für die Brücken im Hafen, hat den Schlüssel für die schweren Stahltüren. Sein dienstlicher Schlüsselbund ist beeindruckend: Er hat Zugang zu all den großen und kleinen Türen, die sich in dem Bauwerk verstecken. Damit ist für ihn ein Traum in Erfüllung gegangen: »Der Hafen an sich ist schon ein ganz toller Ort, aber wenn ich ehrlich bin, fasziniert mich am meisten die Köhlbrandbrücke. Ich bin schon als Achtjähriger zur Eröffnung mit meinen Eltern über diese Brücke gelaufen. Dieses tolle Bauwerk hat mich im Laufe meiner Berufstätigkeit immer begleitet. Ich mag ihren Anblick von den unterschiedlichsten Standorten.«

»Der Lastesel des Hamburger Hafens«

Heute organisiert, koordiniert und überwacht Buhr die vielfältigen Wartungs- und Instandsetzungsarbeiten. Dafür gibt die HPA im Durchschnitt jährlich rund zwei Millionen Euro aus. Allein für die Grundinstandsetzung der Brücke von 2007 bis 2016 waren rund 60 Millionen Euro nötig. Ein Tribut an die hohe Verkehrsdichte, die bei der Planung unterschätzt wurde, obwohl man schon damals mit hohen Steigerungsraten rechnete. Für 31 000 Fahrzeuge täglich in beide Richtungen ist die Brücke ausgelegt. Nach der Inbetriebnahme rollten durchschnittlich 15 000 Autos und Lastwagen über sie hinweg. Im März 1975, die A7 samt Elbtunnel war nun zwei Monate in Betrieb, zählte man bereits 18 000 Fahrzeuge.

Der hohe Anteil an Lastwagen und Schwerlasttransporten beansprucht die Brücke mehr als geplant. Die Wartungsarbeiten werden deshalb immer aufwändiger.

Und heute? »Im Mittel nutzen werktags 38 000 Fahrzeuge die Brücke«, sagt Tomas Buhr. »In der Spitze registrieren wir sogar 40 000. Davon sind mehr als ein Drittel Lastwagen.« Dazu kommen – quantitativ vernachlässigbar, aber qualitativ im Wortsinn gewichtig – Schwerlasttransporte, im Schnitt mehr als einer pro Tag, die die Statik der Konstruktion stark beanspruchen. Ob

In den Hohlräumen der Betonrampen ist der Durchgang nicht so bequem wie im Stahlkasten. Für die engen Öffnungen zwischen den Segmenten ist Gelenkigkeit gefragt.

Windräder, Blechpressen oder riesige Industriemotoren, es gibt wohl nichts Transportables, was der Rücken der Brücke nicht schon aushalten musste. Buhr: »Die Köhlbrandbrücke ist der Lastesel des Hamburger Hafens.« Für manche sperrige Ladung muss schon mal die eine oder andere Leitplanke an der Waltershofer Rampe temporär abgebaut und die Brücke für den übrigen Verkehr für kurze Zeit gesperrt werden.

Der Hohlkasten ist genau der richtige Ort, um die Belastungen nachzuempfinden und mit der Brücke zu leiden. Das unaufhörliche Grollen der Lastwagen, die keine zwei Meter über Kopfhöhe die Brücke entlang rollen, macht die Verkehrsdichte noch mal anschaulicher. Am beeindruckendsten sind aber die Vibrationen, die jedes Fahrzeug auslöst. Wäre man im Flugzeug, würde man wohl sorgenvoll auf eine Durchsage aus dem Cockpit warten: »Wir durchfliegen gerade ein Turbulenzgebiet.« Mit dem Unterschied freilich, dass das Gewackel im Flieger meist ein schnelles Ende hat, während die Köhlbrandbrücke nun seit fünf Jahrzehnten fast ohne Unterlass durchgeschüttelt wird.

Akuter Grund zur Sorge besteht aber – Stand 2024 – nicht. »Die deutschen Brücken gehören zu den am besten geprüften Bau-

Spot, der Roboter-Hund, unterstützt die Brückeninspektion: Er kommt fast überall hin und erspäht auch feinste Haarrisse.

werken in der Welt«, sagt Buhr und verweist auf die Norm DIN 1076, die regelmäßige Inspektionen in unterschiedlichen Zeitintervallen vorsieht. Bei der alle sechs Jahre stattfindenden Hauptprüfung wird die gesamte Brücke von sechs Bauwerksprüfern über Monate einer »handnahen Sichtprüfung« unterworfen, um den kleinsten Riss schon im Ansatz zu erkennen. An der Köhlbrandbrücke kommt dann der »Brückenbesichtigungswagen« zum Einsatz, der es mit seinen seitlich ausfahrbaren Teilen erlaubt, jeden Winkel der Konstruktion in Augenschein zu nehmen. Die nächste große Brückenprüfung steht für das Jahr 2025 an.

Neuerdings hilft den Prüfern auch ein 31 Kilogramm schwerer Hund namens Spot. Der Vierbeiner wurde von dem US-amerikanischen Robotik-Spezialisten Boston Dynamics gezüchtet. Spot läuft problemlos auch über holpriges Gelände und kann mit seinen »Augen« dank eines 30-fachen Zooms auch kleinste Haarrisse erkennen und melden. Sollte er von der HPA langfristig eingesetzt werden, wird er aber keine Ingenieure ersetzen, sondern nur ihre Arbeit unterstützen. Besonders hilfreich kann das in den Hohlkästen der Vorlandrampen sein, die nicht so komfortabel zugänglich sind wie der »Tunnel« unter der Stahlbrücke. Die einzelnen Segmente – zweizellig an der Ostrampe, einzellig an der Westrampe – sind nur durch Kriechdurchgänge miteinander verbunden. »Heute würde man das nicht mehr so bauen«, sagt Tomas Buhr. »In einem Notfall erschwert das natürlich die Rettungsarbeiten.«

Eine Sollbruchstelle für den Fall der Sprengung

Den mühevollen Weg hätten übrigens auch Soldaten nehmen müssen, wenn im Verteidigungsfall die Brücke als strategisch wichtige Verbindung in den Hafen zu sprengen gewesen wäre. Während des Kalten Krieges wurden an vielen Verkehrsanlagen in der Bundesrepublik »Vorbereitete Sperren« installiert – Vorrichtungen, die im Kriegsfall den Vormarsch des Gegners verhindern oder umleiten sollen. An Brücken kamen meistens Halterungen für Schneidladungen zum Einsatz, die bei ihrer Explosion nur die obere Fahrbahn zerstören, aber nicht den ganzen Hohlkasten. So auch auf der Köhlbrandbrücke. Im Ernstfall hätte ein Teil des Einsatzkommandos den Sprengstoff unter die dafür vorgesehene Klappe gebracht. Der andere, bemitleidenswerte Teil wäre in den Hohlkasten eingestiegen und hätte sich über eine weite Strecke bergauf durch das enge Dunkel kämpfen müssen – bis zu jener Stelle im Hohlkasten, an der über der Klappe ein Munitionskran angebracht war. Hier hätte der Trupp dann die von den Kameraden bereitgestellten Spreng- und Zündmittel hochgezogen, in den Halterungen an der Kastenwand befestigt und den zeitverzögerten Zünder mit den bereits vorhandenen Stromkabeln verbunden.

Glücklicherweise kam es nie zum Ernstfall. Seit den späten 1980er Jahren rechnete damit auch niemand mehr und die vorbereiteten Sperren wurden in Deutschland nicht mehr gewartet. Ob es dabei bleibt? Es ist zu hoffen.

Zittern um die Lebenserwartung

Die Lebensdauer der Köhlbrandbrücke war ursprünglich auf ein ganzes Jahrhundert angelegt. Den Verdacht, dass es bei der hohen Beanspruchung ein paar Jährchen weniger werden könnten, haben die Bauingenieure der HPA schon nach einem Gutachten der Technischen Universität Hamburg aus 2008 geäußert: Bei der anhaltenden Verkehrsbelastung dürfte es 2030 eng werden.[78] Dabei ging es sowohl um die Vorlandrampen aus Spannbeton, als auch um die stählerne Strombrücke, der gegen Ende des Jahrzehnts eine nicht mehr zu sanierende Materialermüdung drohe. Die zahlreichen Ausbesserungen, die die Unterseiten der Rampen wie kleine Wunden überziehen, zeugen von der Dichte und Häufigkeit der Instandsetzungen und Reparaturen.

An der Brücke wird täglich gearbeitet – deutlich erkennbar sind nur die größeren Maßnahmen, die Sicherungsnetze oder gar Sperrungen benötigen.

Zu den daraufhin eingeleiteten Maßnahmen gehört auch WIM, das wahrscheinlich jeder Brückenbenutzer schon als freundlich grüßend wahrgenommen hat: Zweisprachig wünscht WIM

im Namen der HPA auf einer Leuchttafel an der Ostrampe »Gute Fahrt!« und »Have a good trip!« – im Wechsel mit der Anzeige »Gewichts- und Geschwindigkeitsmessung«. Das führt schon mal zu hektischen Bremsungen von Autofahrern, die um ihr Geld- und Punktekonto besorgt sind. Doch die Angst ist unbegründet: Die Messung ist nicht geeicht und deshalb juristisch nicht belastbar. Hinter dem netten Akronym WIM verbirgt sich »Weigh in Motion«, ein permanentes Echtzeit-Monitoring für Achslasten und Geschwindigkeiten. Die Wiegesensoren und Induktionsschleifen sind einige Meter vor der Anzeige so in die Fahrbahn eingelassen, dass neben den Daten auch der Fahrzeugtyp klassifiziert werden kann.

Schnell stellte sich bei der Auswertung der WIM-Messungen heraus, dass »ein nicht unerheblicher Anteil des Verkehrs aus Fahrzeuggewichten oberhalb von [...] 44 t besteht und dass es häufig zu Stausituationen mit entsprechend hohen Einwirkungen auf das Bauwerk kommt.«[79] In der Spitze, sagt Tomas Buhr, wurden Achslasten bis zu 23 Tonnen gemessen. Sehr rasch nach dieser Erkenntnis, 2012, wurde auf der Köhlbrandbrücke das Überholverbot für Lastwagen eingeführt. Sieben Jahre später, Anfang 2019, übernimmt die HPA auf der Brücke – erstmals in Deutschland – das in den Niederlanden und Skandinavien bewährte System des »Abstandstrichters«: Weiße Pfeile auf der Fahrbahn in einer kontinuierlich wachsenden Distanz zwischen anfangs 10 und zum Schluss 25 Metern helfen den Brummifahrern, die auf der Strombrücke geforderten 50 Meter Mindestabstand einzuhalten. Dazu müssen sie immer genau zwei Pfeile zwischen sich und dem Vordermann sehen. Die Distanz zwischen den Fahrzeugen wächst dann kontinuierlich und ohne stauverursachende Bremsmanöver.

Der digitale Brücken-Zwilling

Damit die Köhlbrandbrücke auch in ihrem letzten Lebensabschnitt noch den Belastungen standhalten kann, geht die HPA

Neben den Leitungen für Strom und Löschwasser verlaufen im Hohlkasten auch die Verbindungen zu den 520 Sensoren, die die Belastung aller wichtigen Brückenelemente erfassen.

radikal neue Wege. Ziel ist dabei, Schäden nicht erst im Nachhinein zu reparieren, sondern so frühzeitig zu erkennen, dass sie vermieden werden können. In der Fachsprache nennt sich das »prädikatives Erhaltungsmanagement«. Das hört sich ein bisschen wie Spökenkiekerei an, ist aber die Speerspitze des digitalen Bauprüfwesens. Im Rahmen des von der HPA initiierten Pilotprojekts »smartBRIDGE« bekommt die Köhlbrandbrücke einen »digitalen Zwilling«. 520 Sensoren erfassen in Echtzeit den Zustand aller wichtigen Brückenelemente. Die meisten davon bleiben für den Verkehrsteilnehmer unsichtbar, am auffälligsten ist noch die Sensorik, die sich um die Tragseile schlingt. Zu diesen laufend und digital erhobenen Zustandsdaten kommen jene, die im Rahmen der DIN-1076-Prüfung konventionell und regelmäßig erhoben werden. Aus dem Input klont der Rechner eine digitale Köhlbrandbrücke in 3D-Simulation, die wie ein gläserner Patient über drohende Wehwehchen Auskunft gibt. Die Fachleute der HPA, gewissermaßen die Spezialärzte, haben über eine anwenderspezifische Benutzerschnittstelle, ihr digitales »Stethoskop«, Zugriff auf die jeweils für sie relevanten Daten und können frühzeitig Alarm schlagen.[80]

Das Projekt gilt als weltweit richtungweisend und wurde 2021 mit dem »Deutschen Digital Award« in der Kategorie »Digitale Transformation« ausgezeichnet. – Wer hätte das gedacht? Auf ihre alten Tage steht die Köhlbrandbrücke noch einmal im Mittelpunkt einer technischen Innovation.

Drahtseilakt nach zwei Jahren

In ihre erste existenzielle Krise kam die Brücke schon im zarten Alter von zwei Jahren. 1976 fiel bei einer turnusmäßigen Begehung auf, dass an einem der 88 Seile ein gebrochener Draht aus dem Verband der äußeren Lage herausschaute. Ein scheinbar kleiner Defekt, aber bei einem statisch so überaus wichtigen Teil ein alarmierendes Zeichen. Das Amt für Strom- und Hafenbau unterzog daraufhin zunächst alle Seile einer Sichtprüfung. Dabei wurden weitere Unregelmäßigkeiten in den Decklagen festgestellt, die auf einen inneren Rostbefall schließen ließen. Im nächsten Schritt demontierte man nacheinander fünf repräsentative Seile im Durchmesser zwischen 58 und 100 Millimeter, um sie zu entflechten und im Detail bei der »Eidgenössischen Materialprüfungsanstalt« in Zürich untersuchen zu lassen. Dabei stellte sich heraus, dass die Korrosion schon viel weiter fortgeschritten war als befürchtet. Selbst bei äußerlich völlig intakten Seilen hatte sich die braune Pest im Inneren ausgebreitet.

Die Ursachen waren vielfältig. Von der sorglosen Lagerung der Seile während der Bauphase war schon die Rede, ebenso von dem bewussten Verzicht auf eine Verzinkung. Aber die Korrosionsschutzanstriche waren offenbar kein gleichwertiger Ersatz. Dazu kamen fehlende Abflussmöglichkeiten für eingedrungenes Wasser an der unteren Seilverankerung und ein seltsames Schwingungsphänomen, das bei der Konstruktion nicht berücksichtigt wurde. Für die Hauptwindrichtung im Hamburger Hafen, Westnordwest, bietet die Brücke eigentlich wenig Angriffsfläche. Und doch bildete sich unter gewissen Bedingungen von den Pylonen ausgehend eine Wirbelschleppe, die die Seile mit gehöriger Wucht traf und in Bewegung versetzte.

Jetzt tat Eile not. Das Nachrichtenmagazin »Der Spiegel« zeterte »Pfusch an Deutschlands höchstem Brückenbauwerk«.[81] Nach dem gravierenden Befund der Materialprüfung setzten Auftraggeber und Auftragnehmer des Brückenbaus ein unabhängiges Gutachtergremium ein, das mögliche Maßnahmen entwickeln und bewerten sollte. Einvernehmlich fiel die Entscheidung für die sicherste, aber auch aufwändigste Alternative: den Komplettaustausch aller Seile. Jetzt sollten feuerverzinkte Drähte zum Einsatz kommen und eine neue Seilaufhängung, die Wasseransammlungen verhindert. Die Schwingungen, so stellte man fest, ließen sich mit einem vergleichsweise preiswerten Trick vermeiden: Je zwei Auto-Stoßdämpfer pro Seil, rechtwinklig zueinander in Höhe des Geländer-Handlaufs angebracht,

Nach dem Reinfall mit den ersten Stahlseilen wurde ein »Befahrgerät« entwickelt, das auf Rollen die Seile abfährt und auf Rost untersucht.

brachten Ruhe in die Takellage. Heute stammen die 176 Stoßdämpfer an der Köhlbrandbrücke übrigens aus dem Sortiment des renommierten Spezialfeder- und Sportfahrwerk-Herstellers »H+R« aus Lennestadt, der in der Oldtimer- und Tuning-Szene bestens bekannt ist.

Um die Schwingungen zu verringern, wurden 1979 beim Austausch alle neuen Tragseile mit zwei rechtwinklig angebrachten Auto-Stoßdämpfern gesichert.

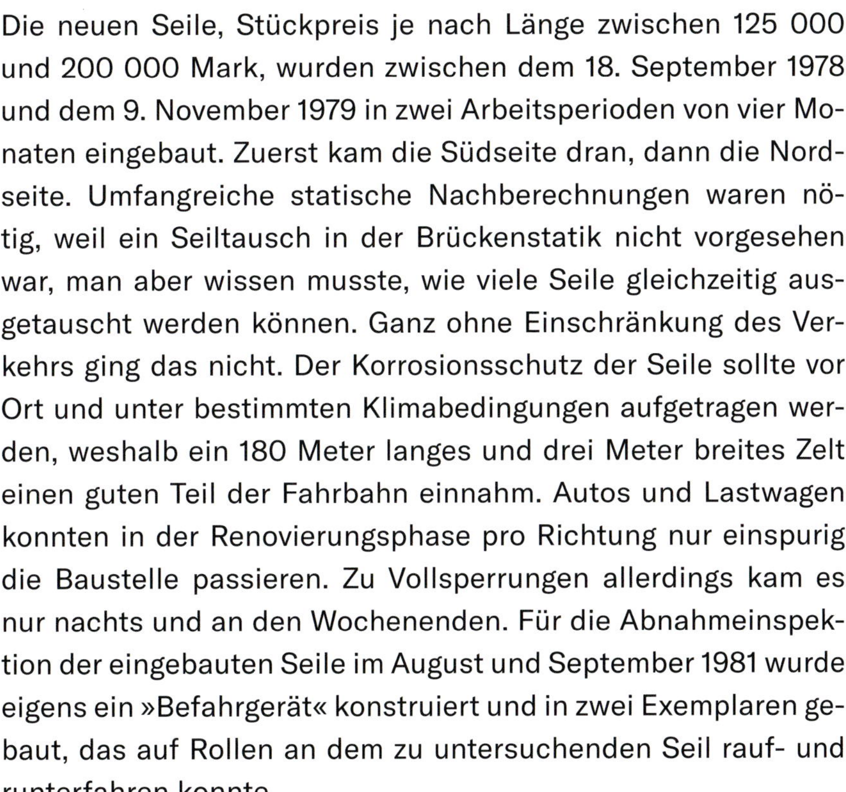

Die neuen Seile, Stückpreis je nach Länge zwischen 125 000 und 200 000 Mark, wurden zwischen dem 18. September 1978 und dem 9. November 1979 in zwei Arbeitsperioden von vier Monaten eingebaut. Zuerst kam die Südseite dran, dann die Nordseite. Umfangreiche statische Nachberechnungen waren nötig, weil ein Seiltausch in der Brückenstatik nicht vorgesehen war, man aber wissen musste, wie viele Seile gleichzeitig ausgetauscht werden können. Ganz ohne Einschränkung des Verkehrs ging das nicht. Der Korrosionsschutz der Seile sollte vor Ort und unter bestimmten Klimabedingungen aufgetragen werden, weshalb ein 180 Meter langes und drei Meter breites Zelt einen guten Teil der Fahrbahn einnahm. Autos und Lastwagen konnten in der Renovierungsphase pro Richtung nur einspurig die Baustelle passieren. Zu Vollsperrungen allerdings kam es nur nachts und an den Wochenenden. Für die Abnahmeinspektion der eingebauten Seile im August und September 1981 wurde eigens ein »Befahrgerät« konstruiert und in zwei Exemplaren gebaut, das auf Rollen an dem zu untersuchenden Seil rauf- und runterfahren konnte.

Weder die Erstinspektion noch die erneute Untersuchung am Ende der Gewährleistungsfrist im Sommer 1984 ergaben nennenswerte Mängel.[82] Seit 2009 sind die 88 Seile zusätzlich mit einer dicken Schicht Butylkautschuk ummantelt – einem künstlich hergestellten Gummi, das auch für Kondome und Neoprenanzüge verwendet wird – überall dort eben, wo es auf eine perfekte Abdichtung ankommt. Für die Beschichtung wurde wieder ein spezielles Gerät eingesetzt, eine »Brücken-Katze«, die selbstständig die Seile hinaufklettern und die Isolierschicht aufbringen kann.

Und was hat das Ganze damals gekostet und wer es bezahlt? Da ein Teil der frühen Probleme durch die Ausschreibung des Auftraggebers entstanden war, andere Teile in der Verantwortlichkeit des Seillieferanten »Rheinstahl-Thyssen« und der Baufirmen lagen, einigte man sich auf einen Kompromiss: Von den Gesamtkosten des Seilaustauschs, 17,5 Millionen Mark, wurden 5,3 Millionen als »Wertverbesserungen« ausgewiesen, die hälftig vom Bund und der Stadt Hamburg zu tragen waren. Den Rest übernahmen »Rheinstahl-Thyssen« und das Baukonsortium als Garantieleistung.[83] Letztlich blieb also ein recht kleiner Teil bei den Hamburger Steuerzahlern hängen. Als Gegenwert bekamen sie eine der schönsten und modernsten Brücken, die Ende 1979 mit den neuen, feuerverzinkten Seilen endlich auch technisch ausgereift war. 1984, zehn Jahre nach der Eröffnung blickte der damalige Wirtschaftssenator Helmuth Kern zufrieden zurück:

»Diese elegante Anbindung an den Norden und Süden Europas ist zusammen mit dem Elbtunnel die wichtigste Verkehrsmaßnahme, die wir je getroffen haben. Ich bin heute immer noch stolz auf die Leute der Abteilung Strom- und Hafenbau, die so kostengünstig gebaut haben. Da gingen die Politiker wirklich mal sparsam mit dem Geld um. Bei vielen derartigen Großprojekten kann man das ja leider nicht sagen.«[84]

Und plötzlich waren da zwei Löcher

Beinahe 20 Jahre lang spielte die Köhlbrandbrücke in den Schlagzeilen der Hamburger Presse nur eine untergeordnete Rolle. Sperrungen, Staus, Unfälle, Suizide – das gewöhnliche Programm, von dem noch die Rede sein wird. Doch das änderte sich am 20. Februar 1998.

Um 7:45 Uhr erreicht Norbert Dittfurth wie jeden Werktag mit der Fähre den Anleger Neuhof. In einer Viertelstunde beginnt seine Ausbildung, der 49-Jährige lässt sich am Fortbildungszentrum Hafen, unmittelbar nordöstlich am Ostpylon der Brücke gelegen,

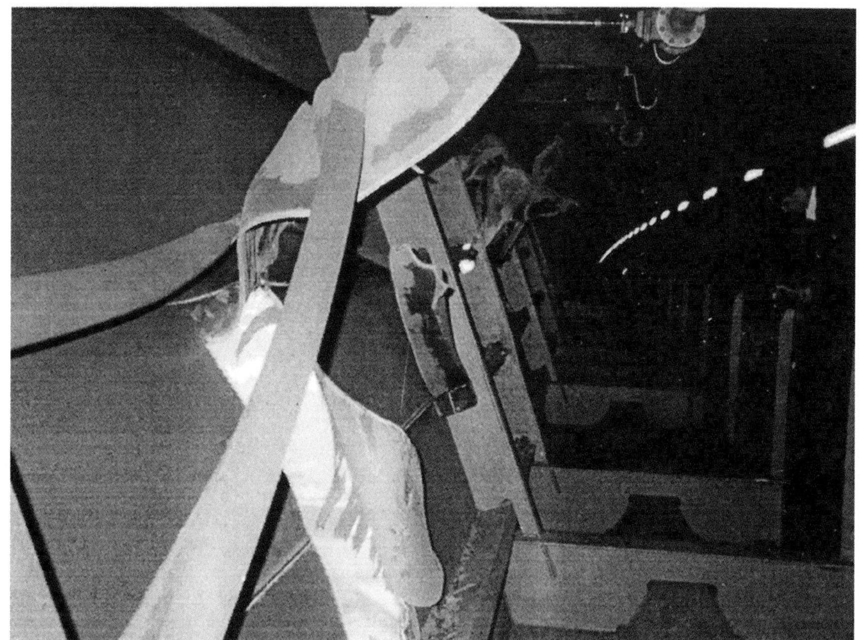

Knapp daneben: Die beiden Löcher, die der Schwimmkran »Rotterdam« im Februar 1998 in die Stahlträger bohrte, trafen glücklicherweise nicht die statisch wichtige Nietenwand.

Der Hafenschlepper »Stier« mit der »Rotterdam« auf dem Köhlbrand machte nach dem Unfall am Anleger Neuhof fest.

zum Lascher umschulen. Lascher, das sind die Fachkräfte, die an allen möglichen Vehikeln Ladungen jeder Art transportsicher befestigen können. Auf der Treppe vom Anleger zum Ufer sieht er einen ungewöhnlich hohen Schwimmkran, der von einem Schlepper in den Köhlbrand gezogen wird. »Der passt doch nie unter der Brücke durch«, denkt sich Dittfurth und bleibt auf der Treppe stehen. Bald kann er die Namen der Schiffe erkennen. Der Hafenschlepper »Stier« steuert mit seinem Anhängsel, dem 400-Tonnen-Schwimmkran »Rotterdam«, zielsicher die Mitte der Brücke an, wo die lichte Höhe am größten ist. Geschätzte Geschwindigkeit: knapp drei Knoten, etwa 5,5 km/h. Kurz bevor der steil aufragende Kran, auf dessen oberster Querstrebe zwei wie Hörner abstehende Puffer sitzen, die Brücke erreicht, hält Dittfurth die Luft an – wenige Sekunden später schon hört er es laut und hässlich krachen. Metall bohrt sich in Metall. »Die ganze Brücke hat gewackelt!« Das Heck des Schwimmkrans wird durch den Aufprall tief ins Wasser gedrückt. Dann schiebt sich der Kran wieder zurück, der Schlepper dreht bei und das Gespann legt in Neuhof an. Im Stahlhohlkasten der Brücke, dem statischen Rückgrat der Konstruktion, klaffen deutlich sichtbar zwei Löcher – jeweils rund einen Quadratmeter groß und fünf Meter voneinander entfernt.[85]

Blitzschnell verständigen sich Polizei und das »Amt für Strom- und Hafenbau«, die Brücke sofort zu sperren. Eine erste Inaugenscheinnahme lässt die Experten zunächst aufatmen: Die Seitenwand des Stahlkastens sieht zwar aus »wie nach einem Raketenbeschuss«.[86] Doch die Löcher sind links und rechts der mittigen Nietenwand, deren Zerstörung gravierendere Folgen gehabt hätte. Um zehn Uhr geben die Behörden die Brücke wieder frei. Eine falsche Entscheidung, wie sich schnell zeigt. Kaum rollen Lastenwagen und Autos wieder über den Köhlbrand, da beobachten die Fachleute im Hohlkasten, dass die Risse rund um die Löcher immer größer werden. Um kurz vor elf Uhr wird die Brücke wieder gesperrt. Erst als Stahlbauer die Risse abbohren, lassen sich die »Laufmaschen« stoppen. Ab 20:15 Uhr

am Freitagabend darf der Verkehr wieder fließen – vorerst nur einspurig. Derweil läuft die Organisation der Reparaturarbeiten auf Hochtouren. Dazu müssen in Größe und Material passende Stahlplatten und Profile sowie spezielle Geräte schnellstmöglich organisiert werden. Gleich am Wochenende wird eines der Löcher zugeschweißt und die verbogenen Schienen für den Brückenwagen gerichtet. Das zweite Loch wird am Wochenende darauf geschlossen.

Die Reparatur der beiden Löcher dauerte acht Tage.

Während der guten Woche zwischen Unfall und vollständiger Reparatur wurden die Löcher keine Minute aus den Augen gelassen. Weitere Risse hätten womöglich fatale Folgen gehabt. Im Schichtbetrieb wechselten sich Bauingenieure beim Wachdienst im unwirtlichen Hohlkasten ab. Ende Februar 1998 war es nass und kalt, im Brückenkasten zog es erbärmlich. Die theoretisch großartige Aussicht durch die Löcher auf die Hansestadt verschwamm meist im diesigen Nebel. Nachts war es nur im Thermoanzug auszuhalten, mit heißem Tee und Keksen in Griff-

Das für die Versorgungsleitungen der Reparatur angelegte Loch ist heute verglast und die einzige Aussichtsmöglichkeit im Hohlkasten.

weite. Und wenn morgens ab fünf Uhr die Lastwagen dicht an dicht über die Brücke rollten, halfen nur noch Ohrenschützer. »Es war einfach irrwitzig laut«, erinnert sich Hermann Jonetzki, der regelmäßig die Tagschichten übernahm. Dabei hatte er meist eine Hand auf einem alten Wählscheibentelefon, das über die im Hohlkasten verlaufenden Telefonleitungen mit dem Festnetz verbunden war. Das Klingeln war da oben zwar nicht zu hören, aber Jonetzki spürte die Vibrationen.[87] Natürlich gab es 1998 schon Handys – aber ausgerechnet auf der Mitte der Köhlbrandbrücke war lange Zeit ein Funkloch, das die Telekom erst 2015 flickte.

Auch wenn der Schwimmkran-Unfall glimpflich ausging und der Schaden rasch behoben war, die »Rotterdam« hatte auch am Image der Brücke gekratzt. Reichte die Durchfahrtshöhe von 54,4 Metern über Seekartennull wirklich aus für den Schiffsverkehr der Zukunft? Vier Jahre später, 2002, sollte hinter der Brücke das weltweit modernste Containerterminal seinen Betrieb aufnehmen. Würden die größten Pötte, die in den nächsten Jahren auf den Werften entstehen, überhaupt den eleganten Bogen passieren können? Oder würde aus dem »Golden Gate« der Hansestadt dann ein »Olden Gate«, ein Nadelöhr für die Zukunft?

1998 konnte man sich noch beruhigen. Ein Schwimmkran ist schließlich kein Containerschiff und der Krankapitän Frans R. hatte sich schlicht verrechnet. Sein Kranausleger war 41 Meter hoch, die Hörner auf der Traverse weitere acht Meter lang. Dazu kam der Freibord des Schwimmpontons, der Abstand zwischen Wasserlinie und Deck – zusammen etwa 53 Meter. Der Kapitän, der den holländischen Kran von seinem Liegeplatz am Kuhwerder Hafen zu einem Arbeitseinsatz am Kalikai in der Rethe steuerte, hätte wissen müssen, dass sich die in den Seekarten angegebene Durchfahrtshöhe der Brücke auf das Niedrigwasser bezieht. Zum Zeitpunkt der Passage war das auflaufende Wasser aber kurz vor Höchststand, 2,96 Meter über Kartennull, die

Durchfahrtshöhe somit an der höchsten Stelle auf gute 51 Meter reduziert.

Die Spuren der fehlenden zwei Meter kann man heute noch im Hohlkasten sehen. Trotz saubersten Schweißnähte und mehrfacher Lackierung sind die Narben der »Rotterdam«-Wunden noch zu erkennen. Daneben ist seit 1998 ein Bullauge ausgeschnitten, durch das bei der Reparatur die Versorgungsleitungen geführt wurden. Heute ist es die einzige Möglichkeit, aus dem Hohlkasten heraus das Stadtpanorama zu genießen. Und der Holzstuhl, auf dem Hermann Jonetzki und seine Kollegen damals saßen und um die Statik der Brücke bangten, der steht auch noch da. Für alle Fälle.

Farben, Fugen und Beläge

Rund ein Jahr nach dem Kranunglück passierte ein Missgeschick, das im Gegensatz zu den beiden Kranlöchern auch aus großer Entfernung sichtbar war. Jedenfalls für eine kurze Zeit. 1999 sollten die Pylonen, das charakteristischste Merkmal der Brücke, einen frischen Anstrich bekommen. Selbstverständlich in der Originalfarbe RAL 5001 »Grünblau«, die dem Architekten so wichtig war. Der Westpylon war als erster dran. Doch der Dienstleister griff knapp daneben und verwendete RAL 5002 – Ultramarinblau, die knalligere Signalfarbe des »Technischen Hilfswerks«. Als das Missgeschick erkannt wurde, war der Pylon schon beinahe fertig. Da der Anstrich im Herbst erfolgte und das Wetter eine schnelle Korrektur vereitelte, dauerte es bis zum Frühjahr des Folgejahres, bis der Westpylon wieder in Grünblau erstrahlte.

Die zwölf Zentimeter lange Scheuerstelle am Geländer im Übergang zwischen Strombrücke und Rampe macht deutlich, wie unterschiedlich Stahl (links) und Beton (rechts) auf Temperaturen reagieren.

Die Witterungsschwankungen sind neben dem Verkehr der wohl stärkste Belastungsfaktor für die Brücke. Zur Demonstration, wie viel Dynamik vom Wetter ausgeht, zeigt HPA-Bauingenieur Tomas Buhr gern die Stelle, an der im Hohlkörper die Betonrampen und die Stahlbrücke zusammenstoßen. Weil Stahl stärker auf Wärme reagiert als Beton – in der Fachsprache: einen höheren Längenausdehnungskoeffizienten hat –, kommt die Stahlbrücke im Hochsommer näher an die beiden Rampen heran, im Winter geht sie auf Abstand. An dem Geländer im Hohlkörper, das an der Übergangsstelle ein sich teleskopartig in ein Oberrohr schiebendes Unterrohr trägt, lässt sich der Unterschied am Lackabrieb der Rohre deutlich erkennen: Zwischen den Endpunkten, den Temperaturextremen, liegen locker zwölf Zentimeter.

Blauer Himmel über der Brücke: Die Abgase kann die Brücke nicht filtern, aber die entstehenden Abwässer, die vor ihrer Einleitung in die Elbe speziell gefiltert werden.

Diese Differenz muss natürlich auch auf der Fahrbahn ausgeglichen werden. Lange Zeit wurden die Übergänge durch Rollenverschlüsse hergestellt, die jedoch altersbedingt wartungsaufwändig waren. Inzwischen sind sie durch robuste Lamellenfugen ersetzt, deren Oberseite durch Sinusplatten verkleidet ist. Das wellenartige Muster auf dem Metallgitter sorgt dafür, dass die Abrollgeräusche der Fahrzeuge leiser ausfallen.

Zu den regelmäßigen Instandsetzungsarbeiten der Brücke gehört auch die Ausbesserung und Erneuerung des Fahrbahnbelags. Klar, dass für diesen Verkehrsweg nur die belastungsfähigsten Materialien in Frage kommen, die der Straßenbau zu bieten hat. Anfangs trug die Brücke durchweg Gussasphaltdecken, die einen hohen Bitumenanteil aufweisen und deshalb besonders druckfest sind, allerdings nicht sonderlich haltbar.[88] Im Bereich der stählernen Strombrücke waren die Decken bereits nach acht Jahren erneuerungsbedürftig. In der Folgezeit verwendete man sowohl standfestere Splittmastixasphaltdecken mit einem hohen Anteil an grobkörnigem Splitt als auch weiterhin Gussasphaltdeckschichten. Beide Materialien haben ihre Vorteile: höhere Standfestigkeit spricht für Splittmastix, die Wasserdichtigkeit für den Gussasphalt.

Mehrmals im Jahr werden die Fahrbahnen der Brücke professionell und maschinell gereinigt. Die Abwässer fließen seit 2019 gefiltert in die »Vorflut«, wie die Hydrotechniker das Ableiten in fließende Gewässer nennen, also in die Elbe. Die dafür eingesetzten »SediPipe«-Anlagen der Firma »Fränkische Industrial Pipes« befinden sich auf der Waltershofer und auf der Neuhöfer Seite. Dort wird das gesammelte Schmutzwasser der Brücke in einen Startschacht eingeleitet und über bis zu 25 Meter lange, aufsteigende Rohre zu einem Zielschacht geführt. Auf dem Weg dahin setzen sich unter anderem Schmutzpartikel wie Gummiabrieb und Mikroplastik ab. Was dann am Ende in den Rugenberger Hafen, den Roßkanal, den Travehafen und die Elbe fließt, hat zwar keine Trinkwasser-Qualität, ist aber ökologisch vertretbar.

Was moderne Technik jedoch nicht leisten kann, ist die Säuberung der engen Betriebsgänge neben den Fahrbahnen. Auch hier setzen sich Mikropartikel ab, vor allem aber liegen hier Zigarettenstummel in einer erschreckenden Dichte. Offenbar nutzen einige Brummifahrer die Stauzeiten, um ihre Aschenbecher mal eben aus dem Beifahrerfenster auf die Brücke zu entleeren. All diese Kippen und sonstigen Abfälle werden händisch zusammengekehrt und entsorgt – angesichts der insgesamt 7,2 Kilometer langen Strecke eine Aufgabe, für die man wohl das Gemüt von Michael Endes Straßenfeger Beppo aus »Momo« braucht.

Betrunkene Rollerfahrer, verirrte Seeleute und leichtsinnige Hobbyrennfahrer

Die Reinigungskräfte zählen zu den wenigen Personen, die den Betriebsgang legal nutzen dürfen. Menschen, die unbefugt zu Fuß auf das Bauwerk gehen, haben sehr schnell mit den Mitarbeitenden von Michael Lootz zu tun. Lootz leitet seit 2020 als Polizeioberrat das WSPK 2, eines von drei Wasserschutzpolizeikommissariaten in Hamburg.[89] Mit der Polizeiarbeit rund um die Brücke ist er seit 2001 vertraut. Dass die Wasserschützer auch für den landgebundenen Verkehr im Hafen zuständig sind, ist ein Hamburger Unikum. »Wir kümmern uns um das, was auf der Brücke geschieht, die Kollegen vom WSPK 1 in Waltershof um das, was darunter auf dem Wasser passiert«, sagt Lootz, der von seinem Büro am Steinwerder Damm einen weiten Blick über den Westteil des Hafens hat.

Wie sieht der Polizeialltag auf der Köhlbrandbrücke aus? »An ruhigen Tagen haben wir mit der Brücke nur insofern zu tun, als einige Kollegen sie als Weg zur Arbeit nutzen.« Das andere Extrem sind die Absicherung der vielen offiziellen Veranstaltungen auf der Brücke und insbesondere die für eine Zeit häufigen Demonstrationen von Klimaaktivisten, die mit ihrer Guerillataktik kräfteintensive Polizeieinsätze provozierten (dazu mehr im folgenden Kapitel). Zum üblichen, alltäglichen Programm der WSPK 2 gehört alles, was den Verkehr flüssig hält: Kontrollfahrten, ob auf der Fahrbahn Teile liegen, die da nicht hingehören, die Absicherung von Liegenbleibern, die schnellstmöglich abtransportiert werden müssen, und eben die Beschäftigung mit Verkehrsteilnehmern, die auf der Brücke nichts zu suchen haben. Immer noch und immer wieder verirren sich Radfahrer auf die trainingstechnisch verlockende Steigung, neuerdings aber auch E-Scooter-Fahrer. Der erste Fall war gleich von besonderer Schwere: zu zweit auf dem Trittbrett, beide Personen jenseits des Promillegehalts, mit dem man noch als verkehrstüchtig gilt.

Unter den Fußgängern, die sich trotz des unübersehbaren Verbotsschilds auf den Betriebsgang begeben, sind häufiger Seeleute ohne weitere Ortskenntnis, die, nicht immer nüchtern, auf schnellstem Weg zurück zu ihrem Schiff wollen. Manche möchten aber auch nur das Panorama genießen und haben mitunter fantasievolle Ausreden parat: »Mein Hund ist da hochgelaufen, ich musste schnell hinterher.« Des Öfteren sammeln Lootz‘ Leute Fotografen auf, die für einen tollen Schuss das Risiko einer Verwarnung in Kauf nehmen. Zehn Euro sind dafür in der Regel fällig. Eigentlich recht preiswert. »Aber«, warnt Lootz, »das ist nicht alles: Dazu können die Kosten für ein bis drei Streifenwagen kommen, eventuell auch für einen Boots- oder einen Hubschraubereinsatz. Das kann dann schnell vierstellig werden.« Obwohl die Verkehrsleitzentrale im Polizeipräsidium die gesamte Brücke über Kameras im Blick hat und bei verdächtigen Beobachtungen die Kollegen vor Ort informiert, sind es oft Auto- oder Lastwagenfahrer, die als erste eine entsprechende Info über unerwünschte Brückenbegeher weitergeben.

Allerdings gibt es auch Menschen, denen die Möglichkeit einer grandiosen Aussicht kein Vergnügen bereitet, sondern im Gegenteil panische Angst auslöst. Wie zum Beispiel jener niederländischen Touristin, die am Abend des 29. August 2018 mit ihrer Tochter Richtung Waltershof unterwegs war. Als sich vor ihr die Brückenrampe bis in den Himmel auftürmte, bekam die Frau eine solche Panikattacke, dass sie kurzerhand den Rückwärtsgang einlegte und langsam wieder zurück nach Neuhof rollte. Glücklicherweise kam ihr just in diesem Moment eine Zivilstreife entgegen. Die beiden Beamten boten der völlig aufgelösten Frau an, ihren Opel über die Brücke zu fahren. Das nahm sie dankend an. Starr vor Angst und mit den Händen vor den Augen ließ sie sich auf dem Beifahrersitz Richtung Autobahnauffahrt chauffieren. Dort gewann ihr Gesicht allmählich wieder eine gesunde Farbe zurück und sie bedankte sich überschwänglich. Fröhlich setzten Mutter und Tochter dann die Heimfahrt fort.[90]

Weniger Glück hatte ein 47-jähriger psychisch labiler Mann, der als Beifahrer Richtung Stadt unterwegs war. Als ihm klar wurde, dass seine Freundin den BMW X3 über die Köhlbrandbrücke steuern wollte, kam es auf der Finkenwerder Straße zu einem heftigen Streit zwischen den beiden. Der Mann wusste sich nicht anders zu helfen, als bei einem Tempo, das die Polizei auf 30 bis 50 km/h schätzte, die Tür aufzureißen und sich aus dem Fahrzeug fallen zu lassen. Dabei zog er sich Verletzungen am Kopf und zahlreiche Hautabschürfungen zu. Im Rettungswagen mit Notarztbegleitung kam der Mann ins Krankenhaus, die Frau erlitt einen Schock.[91]

Die 3,5 Kilometer zwischen der Finkenwerder Straße bis zum Abzweig Breslauer Straße zählen zu den längsten innerstädtischen Straßenabschnitten Hamburgs ohne Knotenpunkt und Ampelanlage. Nicht überraschend also, dass das Durchschnittstempo auf der Brücke trotz der Tempolimits von 60 (Rampe) und 50 km/h (Hochbrücke) bei rund 70 km/h liegt. Stationäre Radarkontrollen sind auf der Brücke kaum möglich, Zivilstreifen mit Videodokumentation,[92] so genannte ProViDa-Fahrzeuge, jedoch häufig anzutreffen. Mit Grund. 3500 Meter voll durchbeschleunigt – das reicht, um nahezu jedes Auto nahe an seine Höchstgeschwindigkeit zu bringen. Verlockend für rücksichtslose Autofahrer, die Straßen gerne mal als Rennstrecken benutzen.

Mit einer Statistik über die gemessenen Geschwindigkeitsrekorde rücken weder HPA noch Polizei raus – verständlicherweise, zumal eine solche Rangliste zu weiterer Raserei verlocken könnte. Aus den Pressemeldungen lässt sich jedoch rekonstruieren, dass jener 23-jährige Wilhelmsburger dort einen unrühmlichen Spitzenplatz einnähme, der im Juni 2018 auf regennasser Straße seinen S-Klasse-Mercedes auf gestoppte 221 km/h beschleunigte und dabei einen Bus und zwei Autos überholte. Sein Pech: Ein potenter Videowagen der Polizei hatte die Verfolgung aufgenommen und konnte den Verkehrssünder auf der Neuhöfer Straße stoppen. Die Prämie für den mutmaßlichen Rekordhalter: eine hohe Geldstrafe und der Entzug der Fahrerlaubnis wegen Teilnahme an einem »verbotenen Kraftfahrzeugrennen«.[93] Für diesen Straftatbestand ist entgegen einer weit verbreiteten Ansicht kein weiteres Fahrzeug notwendig – es genügt, sich »grob verkehrswidrig und rücksichtlos« fortzubewegen, »um eine höchstmögliche Geschwindigkeit zu erreichen«.

Noch ein Jahr jünger als der Wilhelmsburger war der Fahrer eines BMW 430d, der im August 2017 mit Tempo 210 eine Zivilstreife auf der Brücke überholte. Die konnte den Raser jedoch bereits vor dem Abfahrtsbereich stellen.[94] Etwas länger dauerte im Januar 2022 die Verfolgung des 49-jährigen Audi-Fahrers, der an der langen Ostrampe der Brücke eine Zivilstreife mit 182 km/h überholte. Die Polizisten nahmen mit Videodokumentation die Verfolgung auf, hielten fest, wie das Auto mit 125 km/h durch einen Baustellenbereich mit 30er-Tempolimit raste und stark übersteuernd auf die A7 gen Norden abbog. Erst an der Abfahrt Volkspark gelang es den Beamten, Fahrzeug und Fahrer zu stoppen.[95]

Nicht immer enden solche waghalsigen Rennen unfallfrei. Glück im Unglück hatte noch der 49-jährige Pilot einer 179 PS starken Yamaha R1, der im Mai 2018 mit 130 km/h auf die Finkenwerder Rampe raste und sein Sportbike auf der Brücke bis Tempo 200 beschleunigte. Als er merkte, dass ihm eine Zivilstreife folgte, flüchtete er über die rote Ampel an der Einmündung zum Neuhöfer Damm und nahm mit 150 km/h die Linkskurve zum Roßdamm. Dort übersah er einen Sattelzug, dem er fast ungebremst ins Heck krachte. Weil der Containerauflieger leer war, überstand der Biker den Abflug mit nur leichten Verletzungen. Für die Polizisten und den herbeigerufenen Notarzt grenzte der glimpfliche Ausgang des Crashs an ein Wunder.[96]

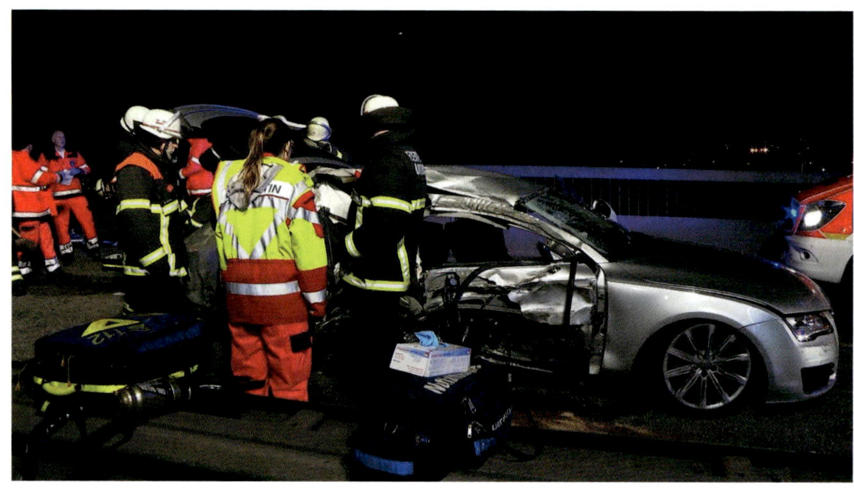

Trotz des Tempolimits auf der Brücke passieren immer wieder schwere Unfälle durch überhöhte Geschwindigkeit – wie hier im März 2019, als ein Audi mit einem Lastwagen kollidierte und ein Mensch starb.

Der wohl tragischste Unfall durch überhöhte Geschwindigkeit auf der Brücke ereignete sich am späten Abend des 25. März 2019. Auf der Finkenwerder Straße rasen ein schwarzer BMW 135i und ein silberner Audi A7 im dichten Abstand hintereinander. Die Fahrer sind im kritischen Alter: 26 und 22 Jahre. Neben dem jüngeren Fahrer im Audi sitzt sein Bruder, 24 Jahre. Laut Zeugenberichten fallen die beiden Fahrzeuge durch häufige Fahrstreifenwechsel mit überhöhter Geschwindigkeit und laute Beschleunigungsorgien auf. Dabei wird ein Tempo bis etwa 160 km/h erreicht. An der Rampe zur Brücke liegt der Audi vorn. Doch der Fahrer hat die scharfe Linkskurve unterschätzt, Gutachter werden sein Tempo später auf 138 bis 164 km/h taxieren. Er touchiert zunächst einen Laster, prallt dann gegen die Seitenwand der Brücke und wird schließlich gegen einen zweiten Laster geschleudert. Der Tacho, so wird es die Polizei protokollieren, bleibt bei 135 km/h stehen. Bei dem Crash wird die Beifahrerseite des Audi komplett zerfetzt und der Bruder des Fahrers eingeklemmt. Er kann zwar schnell befreit und dem Rettungsdienst übergeben werden, doch erliegt er an der Unfallstelle seinen schweren Kopfverletzungen. Noch während die Beamten alle Spuren dokumentieren, kommt der Vater der beiden Brüder mit weiteren Angehörigen an die Unfallstelle. Eine Nacht des Grauens und der Trauer.[97] Fünf Jahre später – nach dem ersten, milderen Urteil legte die Staatsanwaltschaft

Berufung ein – wird der Unfallfahrer wegen fahrlässiger Tötung und Teilnahme an einem verbotenen Rennen zu sechseinhalb Monaten Haft auf Bewährung verurteilt, wobei die traumatische Erfahrung, für den Tod seines Bruders verantwortlich zu sein, strafmildernd wirkte.[98]

»Ein brennendes Fahrzeug ist der Super-GAU«

Nicht nur die Kriseninterventionsteams, auch Bergungsfachleute sind auf der Köhlbrandbrücke manchmal vor große Herausforderungen gestellt. Wie zum Beispiel am 10. Juni 2021, als ein Sattelzug vor einer roten Ampel an der Ostrampe eine Vollbremsung einleitet. Dabei verrutscht die 25 Tonnen schwere Blechpresse auf dem Auflieger Richtung Zugmaschine und bringt das Gespann in ein unfahrbares Ungleichgewicht. Die Reifen platzen. Der Fahrer kann sich in Sicherheit bringen, sein Fahrzeug versperrt jedoch die wichtige Verkehrsader Richtung Osten und A1. Der frühe Berufsverkehr war zwar schon durch, aber auf der Brücke ist werktags immer Rush Hour. Das Hindernis muss schnellstmöglich weg. Die gleich benachrichtigte Feuerwehr winkt ab: »Das können wir nicht.« Deren Bergungsgeräte brauchen einen belastbareren Untergrund und nicht eine auf Pfeilern aufgeständerte Brücke. Der havarierte Lastwagen sorgt inzwischen für einen Rückstau bis Finkenwerder. Im Gespräch mit Baustatikern der HPA ergibt sich der Lösungsweg: Wenn der Kran zur Bergung nicht auf die Brücke kann, dann muss er eben auf der Parallelstraße stehen. Also wird bei der Hamburger Firma »Knaack« ein Spezialkran mit 450 Tonnen maximaler Tragkraft angefordert, der 20 Meter neben der Brücke auf der Nippoldstraße ankert und die Blechpresse vom Lastwagen heben kann – was dann auch drei Stunden nach dem Unfall passiert.

Die größte Gefahr für die Statik der Brücke sind jedoch brennende Fahrzeuge. Deshalb sorgte ein Unfall auf der Breslauer Straße Anfang September 2022 unter den Fachleuten für erheblich mehr Aufsehen als in der Presse. Nur wenige Meter von der

Feuer auf oder neben der Brücke – wie dieser brennende Lastwagen auf der Breslauer Straße – sind eine große Bedrohung für die Statik der Betonkonstruktion.

Betonrampe der Köhlbrandbrücke entfernt, brannte ein Lastwagen vollständig aus. Der Fahrer brachte sich rechtzeitig in Sicherheit, die Feuerwehr war schnell zur Stelle, verwandelte die Breslauer Straße mit Schwerschaum in eine vermeintliche Winterlandschaft und bekam den Brand unter Kontrolle. Nur Teile der Fahrbahndecke mussten erneuert werden.

Alles gut, also? Angesichts der statischen Probleme der Hochbrücke zeigte dieser Unglücksfall, welche Gefahren in den verbleibenden zehn Jahren noch lauern. »Brennende Fahrzeuge«, sagt Kommissariatsleiter Michael Lootz, »sind für die Statik der Köhlbrandbrücke der Super-GAU.« Bereits ab rund 500 Grad – in einer Kerzenflamme ist es zwischen 600 und 1400 Grad – kann es am Beton zu Rissbildungen kommen. Weitere Schäden können durch den Kälteschock beim Löschen entstehen. Für die Feuerwehr war der Vorfall im September ein Grund, ihre Einsatztaktik zu ändern, um noch schneller an einem möglichen Brandort auf der Brücke zu sein.

Was auf anderen Straßen Hamburgs zum Routinefall gehört, ist auf der Köhlbrandbrücke eben meist ein größeres Problem. Als im November 2015 ein Laster, der an der Neuhöfer Ölmühle ge-

Bei Eis und Schnee werden die Fahrbahnen schnellstmöglich gesperrt, bevor Lastwagen mit durchdrehenden Rädern sie blockieren.

rade mit Sojaöl frisch betankt wurde, einen Gutteil seiner Fracht von der Nippoldstraße bis rauf auf die Hochbrücke verteilt, bringt das gleich den Verkehr zum Erliegen: Viele Lastwagen kommen nicht mehr die Steigung hoch und bleiben mit durchdrehenden Rädern stehen.[99] Dass die Brücke bei der »Hamburger Stadtreinigung« oberste Priorität genießt, versteht sich von selbst. Videoüberwachung und Sensoren auf der Fahrbahn melden der Winterdienst-Einsatzzentrale am Bullerdeich in Hammerbrook in Echtzeit Schnee- und Glatteisgefahr. Im Regelfall wird die Brücke dann so lange gesperrt, bis sie geräumt oder abgestreut ist. Und trotzdem kam es in den vergangenen Jahren immer wieder mal vor, dass Lastwagen unter winterlichen Bedingungen auf den Rampensteigungen nicht weiterkamen und für lange Staus sorgten. Eine eigene Fahrbahnheizung für die Brücke wurde beim Bau diskutiert, wegen technischer und vor allem psychologischer Bedenken jedoch verworfen: Eine eisfreie Brücke würde die Fahrer womöglich in falscher Sicherheit wiegen, wenn sie nach der Überquerung wieder auf herkömmlich gestreuten Straßen unterwegs sind.[100]

Der Talk-down – die anspruchsvollste Polizei-Aufgabe

Triggerwarnung

Über Selbsttötungen wird in der Presse zu Recht sehr zurückhaltend und nur in Ausnahmefällen berichtet. Im Rahmen eines Buchs über die Köhlbrandbrücke muss jedoch auch dieses Thema behandelt werden – zumal »offene Worte darüber auch den Angehörigen der Suizidopfer helfen können« (Marc Meiritz, Hamburger Polizeiseelsorger). Wer in Gedanken darum kreist, sich das Leben zu nehmen, der findet zum Beispiel bei der »Telefonseelsorge« eine Ansprechperson (0800/1110111 oder 0800/1110222 gebührenfrei und anonym; Online-Beratung: www.telefonseelsorge.de). Eine Liste mit bundesweiten Hilfsstellen findet sich auf der Seite der »Deutschen Gesellschaft für Suizidprävention«: www.suizidprophylaxe.de.

Zu den am meisten belastenden Aufgaben von Michael Lootz' Team im Hamburger Wasserschutzpolizeikommissariat 2 zählt der Umgang mit Suizidwilligen, die sich die Köhlbrandbrücke als (vermeintlich) besonders sichere oder besonders herausgehobene Schwelle zur Befreiung von ihrer empfundenen Qual ausgesucht haben. Wie viele Menschen seit 1974 diesen Weg in den Tod gewählt haben, wird in keiner offiziellen Statistik erfasst. Für die Jahre 1974 bis 2009 weist eine medizinische Dissertation 83 Fälle und 202 Versuche aus.[101] Das entspricht einem jährlichen Schnitt von etwa sechs Suizidversuchen, von denen rund 40 Prozent vollendet werden.[102] Jedoch ist die Verteilung dabei alles andere als gleichmäßig. Es gibt Jahre, in denen gar kein Opfer zu beklagen ist. 1979, 1983, 1987, 1995, 2000 und 2008 zählen dazu. Die Pandemiejahre 2020 und 2021 lagen eher über dem Durchschnitt.

Die hohe Differenz zwischen versuchten und vollzogenen Suiziden ist ein Kompliment für die Arbeit der Polizisten und der beiden Polizeiseelsorger, die – wenn Zeit und Umstände es erlauben – zum »Talk Down« oder »Runtersprechen« hinzugerufen werden. Marc Meiritz ist einer von ihnen. Der katholische Theologe ist so ziemlich das Gegenteil vom Klischeebild eines weltfremden, etwas verschwurbelt daherredenden Geistlichen. Seine Sätze sind klar, geradeaus und offen. »Mein Herz schlägt im Hafen«, sagt der gebürtige Bremerhavener, der zunächst dreieinhalb Jahre zur See fuhr und dann bei der Polizei arbeitete. Auch wenn sein Dienstherr das Erzbistum Hamburg ist, bleibt er in seiner praktischen Arbeit den ehemaligen Kollegen im Kommissariat sehr verbunden.

Und so war es auch ganz selbstverständlich, dass er an einem Abend des Jahres 2021 zur Verabschiedung eines Polizeibeamten ins Wasserschutzpolizeikommissariat 1 auf Waltershof eingeladen war. Um 18 Uhr kommt eine Nachricht rein, die den Beginn der Veranstaltung erstmal vereitelt: »Eine Person am Geländer der Köhlbrandbrücke, Fahrtrichtung Neuhof.« Die Brücke wird sofort gesperrt, Meiritz rast mit zwei Polizisten auf der Gegenfahrbahn, also auf der »falschen« Seite, zum Einsatzort, den er drei Minuten nach dem Notruf erreicht. Gemäß Regel Nummer 1: den Suizidwilligen ohne ihr Einverständnis nicht zu nahe kommen. Aus der respektvollen Entfernung von zwei Fahrbahnbreiten ruft Meiritz dem Mann am Geländer zu: »Darf ich näher kommen?« Er willigt zunächst ein, dass der Seelsorger über die Mittelleitplanke steigt, schickt ihn dann wieder zurück und lässt ihn wieder kommen. Meiritz ist das ganz recht. Je mehr Entscheidungen ein Mensch trifft, der kurz vor dem Sprung steht, umso mehr Handlungsoptionen erkennt er. Meiritz fragt deshalb auch: »Sind Sie einverstanden, wenn wir uns duzen?« Es geht ihm darum, die Fokussierung auf eine einzige Möglichkeit zu durchbrechen. Das Gespräch kommt langsam in Gang. Eine Kommunikation unter härtesten Bedingungen. Die beiden stehen immer noch einige Meter weit voneinander entfernt, der

Wind weht kräftig und die dicken Tragseile surren im Chor. Das Leben des anderen hängt aber an einem seidenen Faden – den Meiritz in der Hand hält. Eine falsch zu verstehende Bemerkung und der Einsatz ist vergeblich.

Im Lauf des Gesprächs stellt sich heraus, dass der Lebensmüde mit einem Freund von Waltershof aus auf die Brücke fuhr, am höchsten Punkt einen Motorschaden simulierte, ausstieg und schnurstracks über das Geländer stieg. Der Mann will, dass seine Lebensgefährtin zur Brücke kommt. Meiritz lehnt ab. Er kennt die Vorgeschichte nicht, weiß nicht, welche Traumata hier aufbrechen könnten. Er will auch diesem typischen Gedanken keine Chance geben: »Du hast mich verlassen, dafür bestrafe ich dich nun lebenslänglich.« Trotzdem bleiben die beiden im Gespräch. Drei Stunden lang. Gleichzeitig telefoniert der Mann immer wieder mit seinem Handy, offenbar stets mit der gleichen Person. Mitten im Telefonat versagt der Akku. Meiritz erkennt die Chance. Er bietet dem Mann sein Smartphone an, legt es hinter den Kofferraum des immer noch auf der Brücke stehenden Autos. Nach anfänglichem Zögern steigt der Mann über das Geländer zurück auf die Fahrbahn, greift das Mobiltelefon – und leistet kaum Gegenwehr, als die Polizeibeamten aus dem Schatten treten, ihn sanft festhalten, ins Auto führen und zur nächstgelegenen Notfallaufnahme fahren.

»Bei mir ist noch keiner gesprungen«, sagt Meiritz. Aber er sagt es ohne Stolz. »Ich weiß, dass ich Glück gehabt habe.« Diese Gespräche, die extrem schnell emotional kippen, von völliger Verzweiflung zur Euphorie und wieder zurück, lassen sich nicht planen. Erfahrung hilft, mehr noch als Lehrbuchwissen. Kaum beeinflussbar ist die Vertrauensebene, die sich zwischen zwei Menschen einstellt. Meiritz zum Beispiel kann besser mit Männern als mit Frauen. Auf dem Schiff und auf der Dienststelle hat er ein gutes Gespür dafür entwickelt, wie Männer ticken und wie man sie zum Reden bringt.

Für den Talk Down ist das eine nicht zu überschätzende Qualifikation. Den Absprung im Wortsinn wählen rund doppelt so viele Männer wie Frauen, die sich eher mit Tabletten vergiften oder erhängen.[103] Unter den bevorzugten Sprungrampen in Hamburg nimmt die Köhlbrandbrücke einen Spitzenplatz ein – neben Baukränen, eingerüsteten Gebäuden und den Hochhäusern im Grindelviertel und am Nobistor.

Eine besonders dramatische Rettung gelang auch der Streifenwagenbesatzung der Landesbereitschaftspolizei Peter 2/31 im Jahr 2010. Susanne Dudek, 26, und Christian Nuppenau, 36, haben gerade die Brücke Richtung Veddel passiert, als sie über Funk die Nachricht hören: »Köhlbrandbrücke – Person mit Kind sitzt auf Geländer«. Sofort kehren sie um, fahren erneut auf die Brücke, diesmal Richtung Waltershof. Auf dem rechten Fahrstreifen sehen sie ein kleines rotes Auto mit geöffneter Beifahrertür. Dann eine Frau, die bereits ihre Beine über das Geländer geschwungen hat und ein Kind auf ihrem Schoß hält. Dudek und Nuppenau nähern sich vorsichtig, rufen: »Bitte springen Sie nicht. Wir kommen zu Ihnen und helfen Ihnen.« Die Frau sagt unter Tränen, dass sie zurück zu ihrem Vater wolle, der sich an der gleichen Stelle in den Tod gestürzt hatte, als sie mit dem Kind schwanger war. Weil sie psychisch krank sei, wolle man ihr den Jungen nun wegnehmen. Und der Sohn sagt: »Wir wollen zum lieben Gott, da ist es warm, deshalb haben wir keine Schuhe an.« Während Nuppenau die Frau immer wieder auffordert, ihn anzuschauen und nicht die Augen zu schließen, ruft sie ihrem Sohn zu: »Wir zählen bis drei.« Aber der Junge zählt nicht. Er schaut zu den Beamten und ruft, dass er nicht springen wolle. Die beiden Polizisten reden auf die Mutter ein. Abwechselnd, ausdauernd. Irgendwann streckt sie die Arme den beiden entgegen und lässt sich mit dem Jungen über das Geländer ziehen. Als sie sicher auf dem Boden liegt, erleidet sie einen Nervenzusammenbruch. Der Streifenwagen fährt sie in die Psychiatrische Klinik Ochsenzoll und kümmert sich im Wasserschutzpolizeikommissariat 2 um den Fünfjährigen, der bei dem Ereignis »erstaunlich gefasst« bleibt.[104]

Seltsame Begleitumstände sind bei den Suizidenten auf der Brücke eher die Regel. Kürzlich lief ein Mann mit einem Strick die Rampe hoch – er wollte offenbar bis zum Schluss mit der Entscheidung über die Todesart warten. Einmal mehr konnte die Polizei hier frühzeitig eingreifen. Nicht ohne Komik bei aller Tragik auch die Geschichte der Frau mit Rock, die 1976 während des Austauschs der Tragseile einen Stuhl mit auf die Brücke nahm. Angesichts der vielen Bauarbeiter wollte sie züchtig über das Geländer klettern, ohne zu viel von sich preiszugeben.[105]

Von den nicht zu verhindernden Unglücksfällen ist der Doppelsuizid eines Ehepaares ein besonders tragischer. Im Mai 1992 hatte eine 38-jährige Ärztin aus Volksdorf zunächst ihren fünfjährigen Sohn von der Geesthachter Schleusenbrücke ins Wasser geworfen und war dann mit ihrem blauen VW Passat zur Köhlbrandbrücke gefahren, von der sie sich herunterstürzte. Ihr Sohn überlebte, weil der Schleusenwärter ihn rechtzeitig aus dem Wasser zog. Nun kümmerte sich ihr Mann um die drei Kinder – »sehr liebevoll«, wie die Nachbarn berichteten. An einem Sonntag gut drei Wochen nach dem Tod seiner Frau gibt der Mann die Kinder, das jüngste 17 Monate alt, bei einer befreundeten Familie für einen Ausflug ab. Um 14:30 Uhr, verspricht er, hole er sie wieder ab, um mit ihnen ein Konzert zu besuchen. Doch dazu kommt es nicht. Polizisten entdecken um 13 Uhr sein leeres Auto mit laufendem Motor auf der Hochbrücke, auf dem Beifahrersitz liegen Familienfotos. Der 37 Jahre alte Computerfachmann hatte sich an der gleichen Stelle in den Tod gestürzt wie seine Frau.[106]

Warum ist die Köhlbrandbrücke so anziehend für Menschen, die ihr Leben beenden wollen? Ist es die symbolische Überhöhung der letzten Entscheidung? Das einzigartige Panorama als theatralische Szenerie für den Abschied von der Welt? Oder die (vermeintliche) tödliche Sicherheit des Sprungs aus über 50 Metern Höhe? Polizeiseelsorger Meiritz hat darauf keine eindeutige Antwort: »Ich erlebe das ganze Spektrum von bis. Jeder Fall ist anders.«

Zwar ist die Köhlbrandbrücke weit davon entfernt, in die schwarze Liste der weltweiten »Suicide Bridges« einzugehen, die von der chinesischen »Nanjing Yangtze River Bridge« mit rund 2000 Freitod-Fällen in 50 Jahren angeführt wird.[107] Aber ihr Ruf ist bereits international. 1990 kam der Radioreporter Peter Poynton eigens nach Hamburg, um für eine Folge seiner makabren Serie »Great suicide spots in the world« zu recherchieren.[108] Doch ein »Mekka für Lebensmüde«, wie Poynton behauptete,[109] ist die Brücke keineswegs. Eher das Gegenteil – die Hölle.

Und das liegt daran, dass der Sprung in die Tiefe keinesfalls den sicheren, schnellen Tod bedeutet. Jedenfalls nicht dann, wenn man sich – wie die meisten – die Strombrücke zum Absprung aussucht und nicht die über Land geführten Rampen. Zwei Menschen haben den 53 Meter tiefen Fall auf den Elbarm zu ihrer eigenen Überraschung sogar überlebt – einer davon nur mit einer Oberarmfraktur.[110] Der 28-Jährige schwamm ohne weitere Hilfe zum Waltershofer Ufer und meldete sich komplett durchnässt und unter Schock stehend bei den Beamten des Zollamts an der Finkenwerder Straße.[111]

Die beiden Überlebensfälle sind nicht so ungewöhnlich. Auch von der »Golden Gate Bridge« in San Francisco, mit 75 Meter nochmals deutlich höher als die Köhlbrandbrücke, sind mindestens 26 Überlebensfälle von Suizidenten dokumentiert.[112] Es gibt sogar Menschen, die große Höhen aus sportlichen Gründen immer wieder aufsuchen und sich von dort verletzungsfrei ins Wasser stürzen. Der aktuelle Weltrekord der Klippenspringer, aufgestellt 2015 von Lazaro Schaller, liegt bei 58,8 Metern.[113] Natürlich wissen diese Profis genau, wie sie ihre Muskeln für eine stabile Körperhaltung anzuspannen haben und wie sie sich während der Flugphase so korrigieren, dass sie zunächst mit den Füßen die Oberflächenspannung des Wassers durchbrechen und dann mit dem übrigen Körper geschickt eintauchen. Ohne die richtige Körperspannung, so das Ergebnis einer Studie von Physikern an der »Cornell University« in New York, drohen bereits ab 15 Metern gravierende Knieverletzungen. Kopfsprünge sind schon ab acht Metern gefährlich für Rückenmark und Nacken, mit den Händen voran kann es ab zwölf Metern zu Verletzungen des Schlüsselbeins kommen.[114]

Wie die Suizidenten, die von der Köhlbrandbrücke springen, zu Tode kommen, hat der Hamburger Rechtsmediziner Klaus Püschel für den Zeitraum von 1994 bis 1997 erforscht. Das Ergebnis ist erschreckend: In 42 Prozent der Fälle war Ertrinken die Todesursache.[115] Das heißt: Die Springer überlebten den Aufprall, allerdings mit so heftigen Frakturen und Verletzungen, dass sie schwimmunfähig einen vermutlich minutenlangen, qualvollen Todeskampf führten. Der übrige Anteil der Suizidenten starb bereits beim Aufprall auf die Wasseroberfläche, wobei sich die Verletzungsmuster in diesem Fall kaum vom Aufschlag auf festen Boden unterschieden.[116] Für alle Opfer gilt, dass vom Absprung bis zum Aufprall auf den Köhlbrand mit rund 115 km/h mehr als drei Sekunden Zeit vergehen. Wie viele Springer ihre Entscheidung in dieser Phase noch bereut haben, kann keine Studie belegen.

Die Mediziner Püschel und Blohm ermittelten auch Zeitpunkte und Orte der Leichenfunde. Danach verging zwischen dem suizidalen Sprung und der Bergung des leblosen Körpers eine Zeit zwischen wenigen Minuten bis zu sechs Monaten. Die Fundorte lagen in der Regel nicht weiter als 1000 Meter von der Brücke entfernt. In Einzelfällen wurde der Leichnam jedoch auch mehrere Kilometer sowohl mit als auch gegen die Fließrichtung der Elbe bewegt.[117]

Obwohl mit der 24-stündigen Video-Überwachung der Brücke bereits eine sehr wirksame Suizidprophylaxe installiert ist, stellt sich natürlich immer die Frage, ob nicht weitere Schutzmaßnahmen angeraten wären. Einige Vorschläge wurden überprüft und verworfen. Waagerechte Fangnetze beispielsweise, die sich in Bern gut bewährt haben,[118] scheiden an der Köhlbrandbrücke aus statischen Gründen aus: Die zusätzlichen Windangriffsflächen könnten zu schwer abschätzbaren Schwingungen führen. Vertikale Gitter oder Fenster scheiden aus, weil dadurch die Wartungsarbeiten erheblich behindert würden.[119] Fest installierte Notfalltelefone – eine an der »Story Bridge« in Brisbane realisierte Idee – mit der großen Aufschrift »Es gibt Hilfe für dich«, die bei Anruf sofort mit der Telefonseelsorge verbinden, könnten kaum schneller und effektiver helfen als die beiden nahen Polizeistationen samt ihrer Seelsorger. So bleibt am Ende nur die Erkenntnis, dass künftige Hochbrücken – etwa die neue, noch höhere Köhlbrandbrücke und die geplante Hafenquerspange – die Suizidprävention bereits in der Planungsphase stärker zu berücksichtigen haben.

Sport und Liebe, Protest und Kunst

Was auf und mit der Köhlbrandbrücke sonst noch passierte

Zehn Jahre nach ihrer Fertigstellung schaute Egon Jux stolz auf sein Werk zurück: »Interessant ist für mich, dass ich an vielen Stellen der Welt diese Brücke als Symbol für Hamburg wiederfinde, manchmal in einem Hotel als Kupferstich. Sie setzt ein Zeichen dafür, dass man Verkehrsbauten so in ein Stadtbild integrieren kann.« Doch eines hatte der Architekt zu bemängeln: »Ich denke nur immer noch, dass es schön wäre, wenn man auch zu Fuß drübergehen könnte.«[120]

Dieser Wunsch spricht vielen Hamburgerinnen und Hamburgern aus dem Herzen. Kein anderer Aussichtspunkt bietet ein so umfassendes und stimmiges Panorama der Hansestadt. Umfassend, weil es nicht nur alle markanten Großbauten inklusive der fünf Türme der Hauptkirchen umfasst, sondern auch den Schiffsverkehr auf der Elbe. Und stimmig, weil es dem für Hamburg prägenden Hafen einen großen Raum gibt. Schon die Einweihungstage im September 1974 mit mehr als einer halben Million Besuchern hatten gezeigt, welche Massen dieser Blick mobilisieren kann. Kein Wunder, dass auch in den Folgejahren jede Gelegenheit, die Brücke per pedes zu überschreiten, gerne genutzt wurde.

Zum silbernen Jubiläum im Herbst 1999 ist der Ostpylon für einen neuen Anstrich eingerüstet. Er bleibt es bis zum Frühjahr 2000 - es wurde zunächst die falsche Farbe gewählt.

Ein Lied zum 25. Geburtstag

25 Jahre dauerte es, bis sich diese Möglichkeit wieder bot: Am 26. September zum 25. Brücken-Geburtstag durften Fußgänger erneut »Hamburgs elegantestes Bauwerk« (taz)[121] aus nächster Nähe bewundern und von dort in weite Ferne schauen. Obwohl es pünktlich zur Eröffnung um 10 Uhr anfing, in Strömen

Erst 25 Jahre nach der Eröffnung durfte das Bauwerk wieder per pedes überquert werden, was 100 000 Besucherinnen und Besucher trotz strömenden Regens nutzten.

zu regnen, kamen über 100 000 Besucher. Michael Pavlik aus Luckenwalde hatte es mit seinen Bekannten bei der Parkplatzsuche an die Landungsbrücken verschlagen. Trotz des Wetters marschierten sie mit Kind und Kegel zunächst durch den Alten Elbtunnel, dann über Steinwerder bis zur Brücke: »Da sind wir knallhart.« Auf der Brücke nahm Pavlik eine befreundete Fünfjährige auf die Schultern, damit sie besser sehen konnte. Erschöpft, durchnässt und glücklich reiste die Gruppe wieder zurück nach Brandenburg.[122]

Zum Silberjubiläum entstand auch eine musikalische Liebeserklärung an die Brücke, verfasst, komponiert und interpretiert vom »deutschen Johnny Cash«, dem Westfalen und Wahl-Hamburger Gunter Gabriel. Kostprobe aus dem pathetischen und rhythmisch mitreißenden Countrysong »Köhlbrandbrücke (Hamburgs coolste Brücke)«:[123]

Hast du je in San Francisco
die Golden Gate gesehen,
die Brücke über'n Bosporus
in den Orient,
die Tower Bridge, die Key-West-Bridge
oder die vom River Kwai?
Dann fahr mal nachts über Hamburgs
coolste Brücke in den Hafen.
So schön – du flippst echt aus dabei!

Für die späteren Gelegenheiten, zu Fuß die Brücke zu inspizieren, musste man sportlichen Ehrgeiz mitbringen. 2011 schrieb die »Marathon Hamburg Veranstaltungs GmbH« erstmals den »Köhlbrandbrückenlauf« aus, der – mit einer Ausnahme[124] – seitdem jährlich am 3. Oktober stattfindet. Die zwölf Kilometer lange Runde durch den Hafen mit zweimaliger Überquerung der Hochbrücke fand von Anfang an großen Anklang. Da nicht mehr als 2000 Beinpaare gleichzeitig auf der Brücke rumtrampeln sollten, war das Kontigent stets entsprechend beschränkt.

Seit 2011 fest im Veranstaltungskalender der Stadt: der Köhlbrandbrückenlauf mit häufig ausgebuchtem Startplatzkontingent.

Nachdem für die Premiere die Startplätze schnell ausverkauft waren, führte der Veranstalter 2011 zunächst zwei Startzeiten für maximal 4000, ab 2016 dann drei Startzeiten für 6000 Laufende ein.[125] Trotzdem wurde in mehreren Jahren das Limit erreicht. Den derzeitigen Streckenrekord stellte 2020 der damals

33-jährige Hamburger Philipp Pflieger auf, der sich in nur 36 Minuten und 41 Sekunden über den windanfälligen Kurs kämpfte.

Heiratsantrag auf dem Scheitelpunkt

Die wenigsten Teilnehmenden allerdings streben beim Brückenlauf persönliche Bestzeiten an – den meisten geht es eher um das beste Foto mit Stadt- und Hafenansichten, wofür schon mal gerne am Scheitelpunkt der Brücke eine Pause riskiert wird. Eine etwas längere Pause baute 2021 der aus Leer angereiste Läufer Marco Dierich ein. Er war mit seiner Freundin Ina Janssen gestartet, eine leidenschaftliche Läuferin, mit der Marco auch seine Liebe zum Sport entdeckte. Auf dem Rückweg über die Brückenrampe lief er sich einen kleinen Vorsprung heraus und täuschte dann auf dem höchsten Punkt über dem Köhlbrand auf die Knie fallend eine leichte Verletzung vor. Als seine Freundin ihn erreichte, klappte er ein Schmuckkästchen mit Ringen auf und machte ihr unter dem Jubel der Vorbeilaufenden einen Heiratsantrag. Die Antwort war ein langer Kuss. Anschließend liefen die beiden zusammen ins Ziel – die Ergebnisliste weist für beide die gleiche, angesichts der Unterbrechung hochrespektable

Während des Brückenlaufs 2021 machte Marco Dierich aus Leer seiner Freundin Ina Janssen einen Heiratsantrag. Beide finden die Brücke »traumhaft schön«.

Zeit von 75 Minuten und 55 Sekunden aus. Der vorab informierte Veranstalter spielte Hochzeitsmusik und interviewte das Paar gleich hinter der Ziellinie. »Ich hatte schon vor eineinhalb Jahren angefangen, etwas Besonderes zu planen«, sagte der frisch Verlobte nach dem Lauf. »Aber Corona kam immer wieder dazwischen.«[126] Der 2021 ausnahmsweise auf den dritten Advent verlegte Köhlbrandbrückenlauf lag da genau richtig. Ein »unbeschreiblich schönes Erlebnis«, das die beiden wohl noch lange begleiten wird: »Hamburg ist unsere absolute Lieblingsstadt«, sagt Marco. »Auch unsere Flitterwochen im September 2022 starteten dort. Die Köhlbrandbrücke ist ein traumhaft schönes Wahrzeichen, ohne das wir uns Hamburg gar nicht vorstellen können. Wir sind total traurig, dass sie abgerissen werden soll.«

Für Rennrad-Sportlerinnen und -Sportler war die Brücke häufiger zugänglich. Das seit 1996 mit wechselnden Namenssponsoren jährlich[127] ausgetragene Jedermann- und Profi-Radrennen »Hamburg Cyclassics« führte meistens über den Köhlbrand, ebenso die Radstrecke des 2017 erstmals veranstalteten Langdistanz-Triathlons »Ironman Hamburg«. Was die Hobbyradelnden bei den Cyclassics regelmäßig freute, sorgte bei den ambitionierten Triathletinnen und Triathleten eher für Verdruss: Wenn die Köhlbrandbrücke im Streckenplan berücksichtigt wird, verläuft der Kurs auch über Straßen im Hafen, die von Schienen gekreuzt oder vom Schwerlastverkehr gezeichnet sind. Die grandiose Aussicht, für die Rennradelnden ohnehin nicht viel Zeit haben, ist da nur ein schwacher Trost. Hobbyradler Carsten aus Ottensen hatte sich dagegen bei seiner ersten Cyclassics sehr auf das Panorama gefreut. Nachdem der lange Anstieg ihn nahe an die Konditionsgrenze gebracht hatte, spornte er sich durch die Aussicht auf eine rasante Abfahrt an. »Aber weißt du was? Als ich oben ankam, blies mir der Wind derart entgegen, dass ich auch bergab kräftig strampeln musste.«

An den Tagen, an denen die Brücke für Sportevents gesperrt ist, freuen sich auch die Angler, die an den Ufern des fischreichen

Nicht nur im Steigungsprofil ist die Köhlbrandbrücke einer der Höhepunkte bei den Hamburger Cyclassics.

Köhlbrands Ruhe und Petri Heil suchen. »Ansonsten gilt das Gewässer als das lauteste Angelrevier Hamburgs«, sagt Hobbyangler Stephan Albrecht, »aber auch als eines der fischreichsten.« Die Artenvielfalt reicht von Aal bis Zander und wird durch gesetzlich festgelegte Schonzeiten, Maximalentnahmen sowie Mindest- und Höchstmaße geschützt.

Von Aal bis Zander: Der Köhlbrand vor und nach der Brücke ist bei Anglern und professionellen Fischern als fisch- und artenreiches Gewässer bekannt.

Mit Boot und Badewanne

Nicht nur für sportliche Veranstaltungen wird die Köhlbrandbrücke gern genutzt. Wenn damit Streckensperrungen verbunden sind – wie bei den seit 2003 in Hamburg etablierten »Harley Days« – haben Michael Lootz und seine Kollegen vom Wasserschutzpolizeikommissariat 2 viel zu tun. Die Auslaufparade der Harley-Biker lässt sich da noch gut vorplanen, besonders kräfteintensiv sind dagegen spontane Aktionen, wie sie Klimaaktivistinnen und -aktivisten in den vergangenen Jahren immer wieder durchgeführt haben. Erstmals war dies am 16. Juni 2020 der Fall, als 37 Aktive der Umweltschutzbewegung »Extinction Rebellion« (XR) die Brücke für mehrere Stunden blockierten und weitere 150 Demonstrierende an der Breslauer Straße die Ostzufahrt der Rampe versperrten. Fünf Teilnehmende ketteten sich am Geländer der Hochbrücke an und ließen sich aufwändig von der technischen Einheit der Landesbereitschaftspolizei losschneiden. Kilometerlange Rückstaus in beide Richtungen bis auf die Autobahn 7 waren die Folge. »Bitte entschuldigen Sie die Unterbrechung Ihrer Normalität«, hieß es auf einem Transparent, »aber auch Ihre Existenz ist bedroht.«[128]

Selbst für ein Markenevent wie die Hamburger »Harley Days« wurde die Brücke schon gesperrt, um die Parade der bis zu 40 000 Motorräder zu ermöglichen.

Im Juni 2020 kaperten erstmals Klimabewegte spontan die Brücke – noch mit höflicher Entschuldigung auf dem Transparent.

Am 27. November des gleichen Jahres kam es anlässlich des Aktionstages »Black Friday« zu ähnlichen spontanen Aktionen, an denen 70 Demonstrierende beteiligt waren und für die die Brücke für sechs Stunden gesperrt werden musste.[129] Im März 2021 gab es gleich an zwei Tagen unangemeldete XR-Aktionen, die die Polizei auf Trab hielten und den Verkehr zum Stillstand brachten. Im Lauf der Zeit entwickelten die XR-Leute immer

mehr Fantasie, um den technischen Polizeikräften die Arbeit noch schwerer zu machen. Zum Beispiel, indem sie die Rohre, in deren Hohlraum sie ihre Hände zusammenketten, mit Dachpappe verkleiden. Das macht jeden Trennschleifer kaputt – und verlängert das Lösen eines Demonstranten um eine halbe Stunde. Im Mai 2021 versteckte eine XR-Gruppe ein rosa Segelboot in einem Transporter, um es auf der Köhlbrandbrücke auszuladen und sich daran festzuketten – Motto: »WasserBisZumHals«.[130] Am 13. August 2022 war es eine grüne Badewanne mit seitlichen Löchern, die mit auf die Brücke geschleppt wurde. Zwei Personen führten jeweils einen Arm erst durch die Löcher der umgedrehten Wanne und klebten sich dann auf der Straße fest. So musste die Polizei erst die Wanne durchtrennen, bevor sie sich dem Auflösen des Sekundenklebers widmen konnte.[131]

Bewusst auf eine Gefährdung des Verkehrs setzten die Demonstrierenden der Gruppe »Letzte Generation«, die sich am 21. Februar 2022 nicht nur mit Bauschaum an Köhlbrand- und Kattwykbrücke festklebten, sondern auch noch rund 60 Liter Rapsöl auf der Waltershofer Zufahrt zur Brückenrampe verteilten. Im März 2023 verwendeten die Klimakämpferinnen und -kämpfer

Im Februar 2022 blockierte die »Letzte Generation« die Brücke und verteilte Rapsöl auf der Fahrbahn, das nur aufwendig mit Seifenlauge und Abstreuen zu entfernen ist.

Ein Aktivist von »Extinction Rebellion« hat bei einer Demonstration gegen Erdgas im September 2022 seine Hand unter einer auf der Fahrbahn befestigten Badewanne festgeklebt.

Die Demonstrierenden stellten die Polizei mit beständig ausgefeilteren Klebetaktiken vor immer größere Probleme.

auf der Brückenrampe erstmals schnellbindenden Beton statt Sekundenkleber – eine Aktion, die auch dadurch viel Aufmerksamkeit erhielt, weil sich der Schauspieler Raúl Semmler (»Soko Leipzig«, »Polizeiruf«) ihr anschloss.[132]

Dass Hamburgs größtes Wahrzeichen für spontane Protestaktionen genutzt wird, ist nicht neu. Bereits zur Cyclassics 2015,

Während des G20-Gipfels 2017 kaperte Greenpeace kurz die Brücke, um die Forderung nach dem Ende der Kohleförderung plakativ bekannt zu machen.

damals mit dem Hauptsponsor »Vattenfall«, befestigte ein Kletterteam von »Robin Wood« an den Tragseilen der Brücke ein Anti-Kohle-Plakat.[133] Und zum G20-Gipfel im Juli 2017 in Hamburg entrollte »Greenpeace« an der Brücke ein 18 mal 40 Meter großes Banner mit der Aufschrift: »G20: End Coal«.[134] Neu in den frühen 2020er Jahren war allerdings die massive und langwierige Verkehrsbehinderung, die dabei provoziert wird, und die bewusste Erschwernis der Polizeiarbeit. »Wenn früher Greenpeace oder Robin Wood eine Aktion durchgeführt haben, waren die immer sehr kooperativ und folgten schnell unseren Platzverweisen, sobald sie ihre Fotos geschossen hatten«, sagt Polizeioberrat Michael Lootz. Mit den späteren Klimaaktionen wurden die Einsätze personell, zeitlich und technisch immer aufwändiger, weshalb angestrebt wurde, die Kosten den Verursachern anzulasten. Neu war auch, dass die Brücke nicht mehr wie früher schlicht als riesige Plakatwand für Botschaften fungierte, sondern selbst zum Symbol für kapitalistischen Warenverkehr und Klimawandel stilisiert wurde.

»Die weltschweinischste Liebesszene«

Ein ikonisches Bauwerk wie die Köhlbrandbrücke kann, gekonnt eingesetzt, Botschaften überhöhen. Wie zum Beispiel in dem Spielfilm »Absolute Giganten« von 1998. Da lässt Regisseur Sebastian Schipper für das Finale den gepimpten Ford Granada mit den Hauptdarstellern in der Morgendämmerung die lange Ostrampe hochrollen. Und plötzlich kommt der schweigsame Floyd (Frank Giering) ins Reden. Ein Gänsehautmoment, dem man gern verzeiht, dass die Anschlussszene sich auf der Ostseite der Brücke abspielt, die man doch gerade verlassen hat. Kunst darf das.

Auch die Regisseurin Katja von Garnier nutzte die Brücke für einen dramatischen Höhepunkt ihres Films »Bandits« von 1994. Die von der Polizei verfolgten Frauen fahren mit einer Citroën DS auf den Scheitelpunkt, setzen sie dort ihn Brand und retten sich mit einem Sprung ins Wasser, den sie überraschend gut überstehen. Genauso unfassbar wie die Handlung sind die Bedingungen, unter denen gefilmt wurde: »Wir durften an einem Samstag und einem Sonntag drehen und meistens war für uns nur eine Fahrbahn abgesperrt, so dass die Autos bei den Dreharbeiten dicht an uns vorbeifuhren«, erinnert sich von Garnier. »Für die Actionszenen wurde die Brücke für zweimal sechs Minuten ganz gesperrt – das war so aufregend, dass mein Puls auch jetzt noch schneller geht, wenn ich nur darüber rede.«[135]

Einen literarischen Höhepunkt in jedem Wortsinn verortete der niedersächsische Schriftsteller Frank Schulz auf dem Bauwerk. Deshalb sehen wir es ihm auch gerne nach, dass »die bestimmt weltschweinischste Liebesszene auf der Köhlbrandbrücke« (Roger Willemsen)[136] aus seinem Buch »Morbus fonticuli« wegen der ständigen Kameraüberwachung mit Sicherheit ein *coitus interruptus* geworden wäre. Allein die detaillierte Beschreibung eines nächtlichen Liebesaktes auf dem Scheitelpunkt der Brücke, mittig zwischen den gespreizten Pylonenbeinen, in der von

Schulz beschriebenen Weise, mit einem für beide Akteure möglichen Blick in die Weite, ist die Lektüre wert.[137]

Dramatisches Finale: Dreharbeiten für die Schlussszene des Spielfilms »Absolute Giganten«.

Einen existenziellen Schlüsselmoment erlebt der zunehmend verspießerte Held aus Michael Kleebergs Roman »Vaterjahre«, Karlmann Renn, bei der Fahrt auf die Brücke. Ein plötzlicher Panikanfall wirkt wie »ein Warnruf des nach Freiheit und Abenteuer strebenden Vagabunden-Ichs, das dieser idealtypische Protagonist einer säuberlich eingehegten Normalexistenz konsequent mundtot zu machen trachtet«, notierte Thomas Andre in seiner Rezension für den »Spiegel«.

Den Titel des 2023 erschienenen Krimis »Mord am Köhlbrand«[138] von Anke Küpper ziert die Brücke zwar sehr illustrativ, doch in dem Plot um Morde im Drogenmilieu spielt sie nur eine Nebenrolle: Kommissarin Svea Kopetzki sichtet beim »Köhlbrandbrückenlauf« eine Leiche in der Ellerholz-Schleuse. Für alle Freunde von Lost Places zwischen Norder- und Süderelbe trotzdem ein atmosphärisch dichtes und spannendes Buch.

Auch in der bildenden Kunst hat die Köhlbrandbrücke Spuren hinterlassen. In Hamburger Galerien findet man sie als Motiv auf Ölgemälden, Aquarellen, Zeichnungen und künstlerischen Fotos. Sie ist auf der bereits erwähnten Kupfer-Gedenkmünze verewigt, die zur Einweihung ausgegeben wurde – 14 Gramm schwer und 34 Millimeter im Durchmesser. Die irre Nachfrage in den ersten Tagen spiegelt der aktuelle Marktwert freilich nicht mehr wider. Ebenso preiswert ist die 1987 in den Handel gekommene 80-Cent-Europamarke mit der Michel-Nummer 1322, deren Grafik als besonders gelungen gilt. Der renommierte Logo-, Verpackungs- und Briefmarken-Designer Bruno Wiese hat dafür die Brücke aufs Wesentliche und die Umgebung symbolisch reduziert. Deutlich teurer wird die im Dezember 1974 vom Bundesverkehrsministerium und der Hamburger Baubehörde herausgegebene Sonderpostkarte gehandelt (knapp 100 Euro). Mit Grund: Auf ihrer Vorderseite sieht man in einer historisch selte-

Aufs Wesentliche reduziert und doch sofort erkennbar: Köhlbrandbrücken-Briefmarke von Bruno Wiese aus dem Jahr 1987

nen Luftaufnahme die Brücke mit Verkehr, den bereits fertiggestellten, aber noch nicht in Betrieb genommenen Elbtunnel, das im Ausbau befindliche Containerterminal Burchardkai und im Hintergrund den Werner-Kallmorgen-Riegel des Krankenhauses Altona von 1971. Auf der Rückseite ein mit Stolz verfasster Text: »Hamburg baut und sorgt vor: Köhlbrand-Brücke (58,5 m hoch), Container-Terminal (7 Liegeplätze), Bundesautobahn Westliche Umgehung mit dem neuen Elbtunnel (3,3 km lang), Allgem. Krankenhaus Altona (1000 Betten).«

Während man in den zahlreichen Souvenirläden zwischen Fischmarkt und Elbphilharmonie eher selten auf ein Andenken mit Köhlbrandbrücke stößt, ist sie hier und da ganz unerwartet im Stadtbild zu erkennen. Etwa an der farbenprächtig besprühten Tribüne am Norderkai-Ufer, Ecke Nagelsweg, auf der sich mittags die Mitarbeiter der nahen Deutschen Bahn Netz AG und die Besucher der vielen Bildungsstätten in Hammerbrook zur Mittagspause treffen. Auch einer der prominentesten Graffitiartisten Hamburgs, Künstlername »Rebelzer«, hat sich der Brücke angenommen und sie zusammen mit seinen »Freaks« genannten typischen Gute-Laune-Gesichtern arrangiert. Die Wand steht in einem passenden kultigen Ambiente, in dem der Verkehr von Gestern jedes Wochenende wieder lebendig wird:

bei der Oldtimer-Tankstelle Brandshof an der früheren Hauptdurchgangsstraße Billhorner Röhrendamm.

Kunst am Bau

Weniger auffällig sind die Kunstwerke, die sich direkt an der Köhlbrandbrücke befinden. Ja, die gibt es – an der vielleicht am wenigsten sichtbaren Stelle. Auf der Neuhöfer Seite ist das Rampenende, wo die Pfeiler nur wenige Meter hoch sind, seitlich verkleidet, Kasematten vergleichbar. An diesen Wänden tobten sich früher zahlreiche Sprayer aus, was in der Gesamtheit eher schäbig aussah. Deshalb suchte die HPA vor einigen Jahren Kontakt mit Graffitikünstlern, stellte ihnen Farbe zur Verfügung und hoffte auf die Einhaltung des ungeschriebenen Codex, dass sich Sprayer nicht gegenseitig die Arbeit kaputt machen. Seitdem sind die Brückenverkleidungen an der Kreuzung Köhlbrandbrücke/Neuhöfer Damm ein echter Sightseeing-Geheimtipp – ebenso wie das HPA-Auftragsgraffiti unter der Argentinienbrücke, auf dem die Künstler Chris und Matthias 2012 mit 500 Sprühdosen neben anderen Hamburgensien auch die Köhlbrandbrücke verewigten.
Plastische Nachbildungen der Brücke finden sich in zwei beliebten Hamburger Museen. Im »Miniatur Wunderland« ist ein 1:100-Modell zu sehen, eingebettet in eine Landschaft zwischen Fantasie und Hamburger Wirklichkeit. Auf die Originaltreue des Wahrzeichens legte das Modellbauteam um Gerhard Dauscher besonderen Wert:

»Wir hatten mit Gaston Burckhardt einen leidenschaftlichen Brückenbauer im Team, der als Kajakfahrer jahrelang unter allen Hamburger Brücken durchgepaddelt ist. Er hatte einen guten Kontakt zu einem Inspekteur der Köhlbrandbrücke, was ihm die Möglichkeit gab, die Brücke in allen Einzelheiten zu besichtigen. So konnten wir die Brücke nahe am Original nachbauen. Selbst der RAL-Farbton wurde übernommen.«

Von der HPA in Auftrag gegeben: Graffiti am östlichen Rampenende in Neuhof

Das Team hatte den Ehrgeiz, auch das Modell als Schrägseilkonstruktion anzulegen. Doch der Brückenträger entpuppte sich zunächst als zu leicht für die 88 Seile. »Es war eine Sisyphus-Aufgabe, die Balance zu finden, in der die Seile gespannt sind, der Träger aber nicht zu weit nach oben zieht«, erinnert sich Dauscher. In 270 Arbeitsstunden entstand nicht nur das 6,6 Meter lange und 1,4 Meter hohe Bauwerk selbst, sondern auch eine detaillierte, realitätsnahe Szene: 350 Radfahrende queren gerade die Brücke im Rahmen der Cyclassics – und Umweltaktivisten machen mit großen Plakaten auf das Schicksal der Elefanten in Afrika aufmerksam.

Im »Internationalen Maritimen Museum« ist die Brücke Bestandteil eines wirklichkeitsgetreuen Dioramas des Hamburger Hafens im Maßstab 1:1250. Es wurde 2011 noch von dem Begründer der Sammlung, Peter Tamm, bei dem Modellbauer Franz Wilhelm Besch in Auftrag gegeben und besticht formal durch seine Detailverliebtheit. Allerdings irritiert das kräftige Blau, das hier für die Stahlkonstruktion gewählt wurde.[139]

Das wohl gelungenste Modell der Brücke steht im Maßstab 1:100 im Miniatur Wunderland.

Das vermutlich von den meisten Menschen bewunderte Kunstwerk mit der Köhlbrandbrücke ist die Lichtinstallation, die der Künstler Michael Batz im Rahmen des »Blue Port« geschaffen hat. Neunmal war sie zwischen 2008 und 2023[140] für jeweils zehn Tage zu sehen. Seine Idee: mit dem blauen Licht eine Brücke zwischen dem arbeitenden Teil des Hafens südlich der Elbe und dem touristischen Teil nördlich des Stroms zu schlagen. Die Beleuchtung der Köhlbrandbrücke ist neben der Akzentuierung des Elbphilharmonie-Dachs der aufwändigste »Blue Port«-Teil. 600 Leuchtstoffröhren, je 1,2 Meter lang, werden dafür von vier Teams in einer wie Akkordarbeit synchronisierten Aktion auf der Nordseite installiert: Vom Lastwagen abladen, die Röhren ausrichten, mit Kabelbinder am Geländer befestigen, verkabeln – das alles muss in einer nächtlichen Aktion binnen vier Stunden passieren, damit der Verkehr nicht über Gebühr beeinträchtigt wird.

Batz erinnert sich noch gut, als er 1976 zum ersten Mal das Bauwerk sah. Nach dem Studium im beschaulichen Marburg wollte

»Als ich die Brücke 1976 das erste Mal sah, tat sich für mich eine neue Welt auf – eine horizontale Landschaft«: Lichtkünstler Batz bezieht die Köhlbrandbrücke oft in seine Lichtinstallation »Blue Port« ein.

er in die Hansestadt umziehen und fuhr mit seinem VW Käfer auf der A7 nach Norden. »Als ich dann rechts von der Autobahn die Brücke sah, tat sich für mich eine andere Welt auf – eine horizontale Landschaft. Mein erster Eindruck war: Hier ist alles groß.« Die Brücke beeindruckte ihn auch aus künstlerischer Sicht. »Sie wirkt freistehend wie eine Skulptur. Ihre verbindende Funktion erscheint nebensächlich, sie strahlt mit ihrer Leichtigkeit und Linearität etwas ganz Eigenes aus.«

Gar nicht so einfach, so ein stimmiges Kunstwerk weiter zu akzentuieren. »Eine durchgehende Lichtleiste hätte langweilig gewirkt«, sagt Batz. »Deshalb habe ich mich für eine perforierte Linie entschieden, die der filigranen Anmutung eine Rhythmik gibt.« Experimente mit weiteren Lichtaktzenten, etwa an den Tragseilen oder den Pylonen, scheiterten aus unterschiedlichen Gründen – mal gab es Sicherheitsbedenken, mal sprach die Ästhetik dagegen. Doch gerade die zurückhaltende Akzentuierung ist besonders wirkungsvoll. Übrigens auch dann, wenn man über die Brücke fährt: Ein Teil des Lichts aus den Leuchtstoffröhren fällt auch auf die Fahrbahn und verwandelt sie in einen blauen Teppich. – Moment mal, »Röhren«? Warum wird bei der Aktion eigentlich kein LED-Licht eingesetzt? »Wir haben es ausprobiert und festgestellt, dass die Abstrahlung nicht ausreicht. Vom Altonaer Balkon aus hätte man nichts mehr erkannt.« Der Energieverbrauch ist auch so bescheiden: 600 Röhren à 60 Watt brauchen mit 36 Kilowatt pro Stunde gerade mal so viel Strom wie ein einzelnes E-Auto für eine Akkuladung.

Die Brücke wurde für Batz ein so strahlendes Symbol, dass er sogar eine Lichtskulptur von ihr in der Größe 90 mal 50 Zentimeter fertigen ließ. Die »Blue Bridge«, die auf Knopfdruck einzelne Elemente der Konstruktion in Blau aufleuchten lässt, entstand in einer Auflage von 50 Exemplaren. Die meisten davon wurden für 698 Euro verkauft – eines aber reiste als Geschenk des Künstlers an Bord der »Queen Mary 2« nach New York.

Die »Blue Bridge« initiierte der Lichtkünstler Michael Batz. Sie leuchtet auf Knopfdruck und entstand in 50 Exemplaren.

Ohne die Köhlbrandbrücke mag sich Batz die Aktion gar nicht vorstellen: »Sie ist eine Konstante des Blue Port.« Sollte es aus irgendwelchen Gründen doch nicht zu einem Ersatz der Brücke kommen, wäre sein Vorschlag: »Kann man nicht wenigstens ein paar Seile über den Köhlbrand spannen?« Das Blau würde dann an dieser Stelle der Sehnsucht vieler Hamburger einen würdigen Ausdruck geben.

Denkmal ohne Schutz, eine teure Tunnellösung und eine überraschende Kehrtwende

Zur Diskussion um die neue Köhlbrandquerung

Am 12. Juni 2012 machte Olaf Scholz, damals der Erste Bürgermeister der Hansestadt, offiziell, was vorher nur gerüchteweise gemunkelt wurde: Die Köhlbrandbrücke habe ausgedient, die Durchfahrtshöhe sei zu niedrig, der Erhaltungsaufwand zu groß. »Aufgrund der langen Planungsvorlaufzeiten werden wir demnächst die Planungen und die Finanzierung des Ersatzneubaus anstoßen.« Der Protest hielt sich zunächst in Grenzen, weil Scholz eine neue, größere, monumentalere Brückenlösung versprach: »Eine Machbarkeitsstudie zur Festlegung der Trasse und der Anschlusspunkte einer neuen Köhlbrandbrücke liegen bereits vor, damit wir langfristig die benötigten Flächen sichern können.«[141]

Für die Experten war das keine Überraschung. Schon seit 2008 war den damit befassten Bauingenieuren klar, dass die hohe Verkehrsbelastung der Brücke, vor allem durch die Schwertransporte, ihre ursprünglich avisierte Lebensdauer von 100 Jahren vereiteln würde. Ab 2030 würde der Aufwand für die Instandhaltung überproportional zunehmen, so dass ein Neubau die wirtschaftlichere Lösung sei.

Ausgerechnet das modernste Hafenterminal Altenwerder, mehrheitlich im Besitz der Stadt, kann nur von Schiffen bis 50 Meter Höhe angefahren werden.

Diese Durchfahrtshöhe wird bis auf wenige Zentimeter ausgereizt. Für die großen Megacarrier müsste die Brücke 20 Meter höher sein.

Dazu kommt die unglückliche Lage der Brücke vor Hamburgs modernstem, wettbewerbsfähigstem und nachhaltigstem Containerterminal Altenwerder. Ausgerechnet dieses 2002 in Betrieb genommene Terminal »für den Containerumschlag der Zukunft« (HHLA-Werbetext) kann nicht von den Riesen der Weltmeere angefahren werden. Ihre auf 53 Meter beschränkte Durchfahrtshöhe stempelt die Köhlbrandbrücke zu einem Nadelöhr für die schwimmenden Kamele des globalen Warenstroms. Zahlreiche Schleifspuren von Antennen an der Unterseite des Stahlkastens zeugen davon, dass die lichte Höhe der Brücke bis zum Äußersten ausgereizt wird. Etwa 20 Meter an Höhe fehlen ihr, um den größten Megaboxern, wie die »Ultra Large Container Vessels« (ULCV) auch genannt werden, die Durchfahrt zu gewähren. Je nach Tiefgang ragen diese rund 24 000 Standardcontainer (TEU)[142] tragenden Schiffsmonster bis zu 65 Meter über der Wasserkante Richtung Himmel auf.

Konnte man das nicht schon in der Entwurfsphase der Köhlbrandbrücke absehen? Nicht unbedingt. Dass die Elite der Containerschiffe in die Höhe und nicht in die – seit langer Zeit um die 400 Meter pendelnde – Länge wachsen würden, war vor fünf Jahrzehnten noch nicht klar. Erst der konstruktive Trick, das Deckshaus weit vorne anzuordnen, ermöglichte es, die Container dahinter in große Höhen zu stapeln, ohne dem Kapitän vollends die Sicht zu nehmen.

Luftschlösser über dem Köhlbrand

Im Lauf der Machbarkeitsstudien für eine neue Brücke stellte sich zunächst heraus, dass ein Tunnel die klügere Wahl sein könnte. Die Erinnerung an jene Milchmädchenrechnung aus der Planung für die erste Köhlbrandquerung, bei der einer kurzfristig preiswerteren Lösung der Vorzug vor einer langfristig günstigeren gegeben wurde, mag dabei eine Rolle gespielt haben. Auch wenn diese Lösung inzwischen wieder obsolet ist – womit sich die Geschichte der ersten Brücke wiederholt –, lohnt es sich, die Argumentationen nachzuzeichnen.

Im Februar 2021 gab der Hamburger Wirtschaftssenator Michael Westhagemann nach hartnäckiger Anfrage der Linken-Fraktion zu, dass der Steuerungsausschuss bereits im Juni 2020 beschlossen habe, gemäß der technischen Einschätzung der HPA nur noch die Planungen für einen Tunnel weiter zu verfolgen. Zwar werde ein Tunnel mit geschätzten 3,245 Milliarden Euro

Solange die Stadt auf die Tunnellösung setzte, wurde erwogen, von der unter Denkmalschutz stehenden Brücke nur die Pylonen stehen zu lassen.

rund 30 Prozent teurer als eine neue Brücke (2,51 Milliarden Euro), aber bezogen auf die fast doppelt so lange Lebensdauer – 130 statt 70 Jahre – sei er doch die wirtschaftlichere Option. Zudem sei ein Tunnel weniger wetteranfällig, diktiere Schiffen und Schwimmkränen keine Höhenbeschränkung und erfordere weniger steile Rampen.[143] An den Baukosten dürfte sich voraussichtlich der Bund zur Hälfte beteiligen, da die Köhlbrandquerung seit dem 1. Februar 2021 den Status einer Bundesstraße hat (nördlicher Endpunkt der B3) und für Lastwagen mautpflichtig geworden ist.

Zum Trost für alle Brückenfans versprach bereits der Koalitionsvertrag zwischen SPD und Grünen für die 22. Legislaturperiode (2020–2025): Im Rahmen eines Tunnelbaus »werden wir prüfen, ob die Pylonen der denkmalgeschützten Köhlbrandbrücke erhalten werden können.«[144] – Hoppla, steht da wirklich »denkmalgeschützt«? In der Tat: Seit dem 5. April 2013 wird die Köhlbrandbrücke als einzigartiges architektonisches und konstruktives Bauwerk unter der Nummer 28577 in der Hamburger Denkmalliste geführt.[145] Zu dem Zeitpunkt lag Olaf Scholz' Todesurteil bereits zehn Monate zurück. Dass der besondere Schutzstatus den Vollzug nicht aufheben kann und deshalb neben dem damit

verbundenen Dokumentationspflichten allenfalls symbolischen Wert hat, ist auch den Denkmalschützern klar. »Bisher«, so Marianne Kurzer von der zuständigen Behörde Kultur und Medien, »liegt dem Denkmalschutzamt noch keine schriftliche Begründung für den erforderlichen Abbruch der Brücke vor. Diese schriftliche Begründung ist erforderlich, um abschließend über einen Abbruch entscheiden zu können. Es ist jedoch zu erwarten, dass es hinreichende Gründe für den Abbruch geben wird.«

Kristina Sassenscheidt, Geschäftsführerin des Hamburger Denkmalvereins, sieht das anders – und weist auch das Argument zurück, die mangelnde Wirtschaftlichkeit der Brücke sei ein zwingender Abrissgrund:

Vision des Architektenbüros Reimer Breuer von 2020: Wohnungen in den Pylonen, Seilbahnverkehr dazwischen.

»Die Brücke prägt seit 50 Jahren das Hamburger Stadtbild und ist seit ihrem Bau ein Wahrzeichen. In dieser Bedeutung kann sie durchaus mit den Hauptkirchen auf eine Stufe gestellt werden – aber es käme niemand auf die Idee, den Michel abzureißen. Die Brücke sollte erhalten werden, weil sie als wichtiges und einzigartiges Ingenieurbauwerk der 1970-er Jahre mit einer hohen architektonischen Qualität unter Denkmalschutz steht. Laut Denkmalschutzgesetz muss die Stadt vorbildhaft mit ihren eigenen Denkmälern umgehen. Der Grundsatz der ›wirtschaftlichen Zumutbarkeit‹ gilt nur für private Denkmaleigentümer. Angesichts der gegenwärtigen Entwicklung des Hafens wäre ein Abriss der Brücke schlicht unnötig, weil größere Schiffe auch in anderen Hafenbereichen abgefertigt werden können.«

Die Absichtserklärung des Senats, den Erhalt der Pylonen zu prüfen, erschien nicht nur Denkmalschutzfans als unausgereifter Kompromiss. Ohne die filigrane Fahrbahnebene wären die Stahlkolosse so verloren und zusammenhangslos wie Reliquien in einem Schrein. Immerhin beflügelte die Vorstellung bereits die Fantasie Hamburger Architekten. Im September 2020 stellte das Büro Reimer Breuer Architekten eine spektakuläre Vision vor. »Anstelle der Fahrbahnen können die Pylone Plattformen und Gebäudeteile tragen, die an Stahlseilen abgehängt werden«, erklärte Timo Reimer. »Hier können spannende Nutzflächen entstehen, die von hafenaffinen Firmen und von touristischen Attraktionen, zum Beispiel einem Themenmuseum, genutzt werden können.«[146] Zwischen den Pylonen könnte eine Seilbahn pendeln und den Besuchern ein Stadtpanorama in 80 Metern Höhe bieten. Ein »Luftschloss über dem Köhlbrand« (Hamburger Abendblatt)[147] oder eine gelungene »Revitalisierung historischer Bausubstanz mit zeitgemäßer Nutzung« (Werbetext der Architekten)?

Wie weit die Tunnelplanung gediehen war

In der Zwischenzeit nahmen die Pläne für den Tunnel immer konkretere Gestalt an. Die HPA hatte dafür ein Team von 20 hauseigenen Ingenieuren und 80 externen Kräften eingesetzt. Die Frage »Bohr- oder Absenktunnel?« wurde schnell entschieden: Ein Absenktunnel, bei dem vorgefertigte Elemente in einen ausgehobenen Graben hinabgelassen werden, würde den Bau erheblich komplizierter machen und rund eine Milliarde Euro teurer kommen.[148] Der erste Entwurf sah einen Bohrtunnel mit zwei Röhren à 15,5 Meter Durchmesser vor, in deren oberen Etagen Lastwagen und Autos verkehren und darunter Platz für Fuß-, Radweg und eine Spur für autonom bewegte Container bleibt.[149] Eine eigenes Tunnelsegment für den führerlosen Containertransport würde jedoch nur dann notwendig, wenn die Carrier an ein Schienensystem gebunden wären. Das wiederum würde jedoch umfangreiche Maßnahmen im ganzen Hafen nach sich ziehen, weshalb die HPA lieber auf selbstfahrende Lkw-

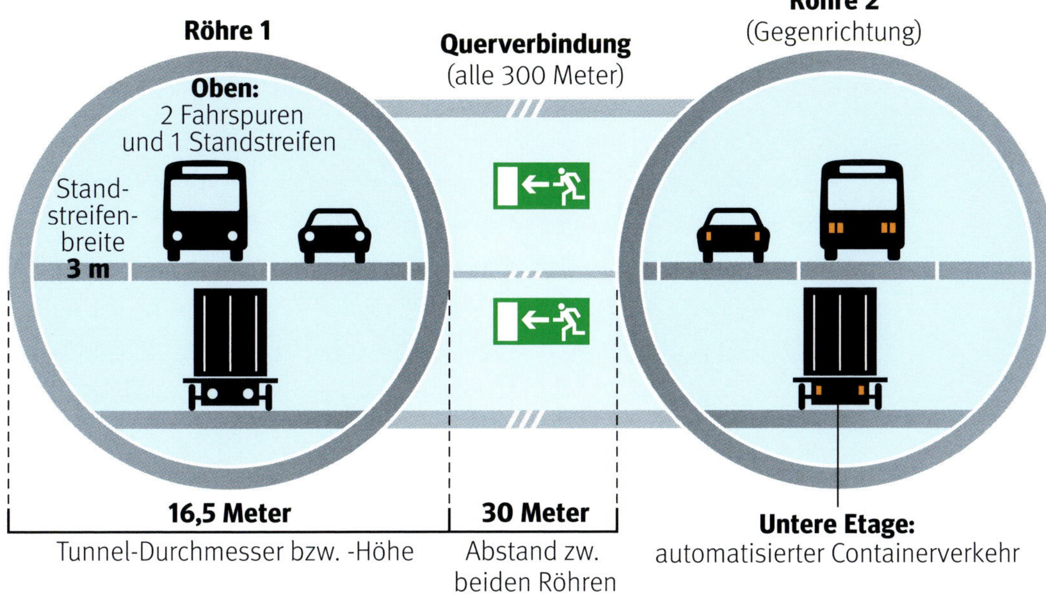

Zugmaschinen setzte. »Dafür aber«, sagt HPA-Ingenieur Tomas Buhr, »braucht man keine eigene Röhre. Bis Mitte der 2030-er Jahre sind die Fortschritte bei den autonom fahrenden Systemen so weit, dass sie im normalen Verkehr mitschwimmen können.« Auch eine Tunnelnutzung für Radfahrende (wie im Koalitionsvertrag vorgesehen) und zu Fuß Gehende war schnell vom Tisch. Buhr: »Das würde die Gestaltung der Rettungswege und die Luftversorgung zu aufwändig machen.« Deshalb sollte es nur zwei einstöckig genutzte Röhren geben, eine für jede Fahrtrichtung. Die maximale Durchfahrtshöhe sollte fünf Meter betragen, die Fahrbahnbreite (einschließlich eines beiderseitigen Randstreifens von jeweils einem Meter) insgesamt 12,5 Meter.

Diese doppelstöckige Variante wurde bald zugunsten einer einstöckigen aufgegeben, weil erwartet wurde, dass autonome Container bis zur Fertigstellung im normalen Verkehr mitfahren.

Der letzte Planungsstand sah eine insgesamt 4,6 Kilometer lange Köhlbrandquerung vor, von der die Hälfte als einstöckiger Bohrtunnel ausgelegt ist. In der anderen Hälfte waren für die Zufahrten drei bis zu 600 Meter lange Brücken über Land und eine 870 Meter lange Brücke über Wasser – dem Rugenberger Hafen – vorgesehen. Die Zufahrt zum Tunnel sollte an der A7-

Abfahrt Waltershof beginnen und dann nördlich und in etwa parallel zur Köhlbrandbrücke verlaufen und schließlich in den Roßdamm münden.

Für die Bauingenieure besonders spannend blieb dabei die Unterquerung der Brückenpfeiler-Gründungen auf Höhe des Zollamts Waltershof. Wenn hier die Statik der Brücke in Mitleidenschaft gezogen wäre, hätte das den Super-GAU für den Hafenverkehr bedeutet. Immerhin sollte die alte Brücke nach Baubeginn des Tunnels noch sieben Jahre durchhalten – so lange hätte es bis zur Inbetriebnahme der Unterführung gedauert. Die Zeitplanung für die Tunnellösung sah vor: Feinplanung bis 2024 abgeschlossen, Planfeststellungsverfahren bis 2026, Einweihung 2034, danach Abriss der Brücke nach 60-jähriger Betriebszeit. Dafür hatte man zwei Jahre veranschlagt – wohl wissend, dass der Abbau genauso aufwendig wird wie der Aufbau, allerdings bei deutlich mehr Schiffsverkehr.

Alles auf Anfang

Schon vor dem Ende der Feinplanung zeichnete sich ab, dass die Sache komplizierter wird als gedacht. Im Juni 2023 stellte Wirtschaftssenatorin Melanie Leonhard der Bürgerschaft ein neues Baugrundgutachten vor, nach dem die Bodenbeschaffenheit labiler ist als erwartet:

»Es zeigt sich ein deutlicher Unterschied zwischen den Annahmen der Machbarkeitsstudie und den nun vorliegenden Erkundungsergebnissen in dem sehr unregelmäßigen Verlauf der Glimmertonoberfläche entlang der Bohrtunneltrasse. Die stark gegliederte Struktur, verursacht durch eiszeitliche Erosionsvorgänge, zeigt sich zum Teil in sehr steilen Schichtgrenzen mit mehr als 30 bis 40 Meter Höhenunterschieden.«[150]
Man müsse, um sicher dem Glimmerton auszuweichen, den Tunnel rund 5,4 Meter tiefer als geplant anlegen. Damit würde er

auch länger, nämlich rund 165 Meter. Und statt 25 Rampen und Brücken zur Anbindung bräuchte man 35. Unterm Strich müsste man statt der ursprünglich geplanten 3,25 Milliarden Euro nun rund das Doppelte in die Hand nehmen, also den Gegenwert von sieben Elbphilharmonien. Dazu kämen 178 Millionen Euro für den Abriss der Brücke und 100 Millionen für die Beseitigung von Kampfmitteln. Die Information, dass bislang knapp 59 Millionen Euro in die Planungen geflossen sind, wurde später auf eine Anfrage der CDU-Fraktion nachgereicht.[151] Ja, und die Bauzeit würde sich natürlich verlängern, mindestens um zwei Jahre. Für Senatorin Leonhard war die Schlussfolgerung klar:

»Die inzwischen vorliegenden Ergebnisse aus der Vorplanung der Tunnelvariante und die daraus resultierende Kostenschätzung machen eine Neubewertung des Projekts erforderlich ... In einem nächsten Schritt soll geprüft werden, ob sich durch eine andere bauliche Konstruktion des Tunnels und der ergänzenden Bauwerke die Kosten reduzieren lassen.«[152]

Ein Machtwort, das fünf Jahre nach Abschluss der Machbarkeitsstudie alles auf Anfang und einige Brückenverantwortliche der HPA in Panik setzte: Wie lange muss denn die marode alte »Köhle« noch durchhalten, bis endlich Ersatz kommt?

Wiederauflage eines alten Plans

Bis März 2024 geisterten zahlreiche Szenarien durch die Presse, wie man nun das Problem am besten lösen könne. Befeuert wurde das durch die Recherchen des ZEIT-Journalisten Frank Drieschner, die im Juli 2023 veröffentlicht wurden.[153] Er erhielt Zugang zu dem Gutachten von 2008, das die HPA als Todesurteil für die Brücke interpretierte, und zog Viktor Sigrist, einen der Verfasser und heute Direktor der Luzerner Hochschule für Technik und Architektur, hinzu. Erstaunt stellte er fest: Das Gutachten rate keineswegs zu einem Abriss, sondern bescheinige dem stählernen Mittelteil der Brücke sogar eine gute Verfassung. Wenn man die Betonrampen Zug um Zug austausche, dazu der Schwerlastverkehr sich über die geplante A26-Brücke bewege, spreche nichts gegen ein Weiterleben bis in die zweite Hälfte des Jahrhunderts.

Inzwischen waren aber seit dem Gutachten 15 weitere Jahre ins Land gegangen und über 1,5 Milliarden (!) Lastwagen[154] über die Brücke gefahren. Die Wirtschaftsbehörde gab deshalb dieser Idee keine Chance: Das Gutachten sei »völlig überholt«, Reparaturen und Unterhalt der alten Brücke seien teurer als ein Ersatzbauwerk.[155] »Irgendwann kommt der Punkt«, sagte Martin Helferich, Sprecher der Wirtschaftsbehörde, »an dem noch so viele Flicken nicht mehr helfen, um die Brücke wirtschaftlich erhalten zu können.«[156] Die Brücke sei, so seine Chefin, Senatorin Leonhard, »ein technisch-wirtschaftlicher Totalschaden«.[157]

Ein weiteres Szenario tauchte Anfang Oktober 2023 nach einer Veranstaltung des Hamburger Denkmalvereins zur Köhlbrandbrücke auf. Während der Podiumsdiskussion schlug der Verfasser dieses Buches vor, auf die von Egon Jux einmal geplante, aber von fast allen Experten vergessene Doppelbrücken-Lösung zurückzugreifen: Man könnte die bestehende Brücke so sanieren, dass sie einspurig den Pkw-Verkehr aufnehme und zudem noch Fußgängern und Radfahrern als Hamburger »High Line« zur Verfügung stehe. Daneben könnte der Brückenzwilling im gleichen Look entstehen, aber mit höherer Festigkeit für Last- und Schwerlastverkehr. Dies nahm der hafenpolitische Sprecher der Linken, Norbert Hackbusch, auf und brachte eine schriftliche Anfrage an den Senat auf den Weg. Auch der ehemalige Chef des Unternehmensverbandes Hafen Hamburg und heutige Präsident des Verbands europäischer Seehafenbetriebe, Gunther Bonz, fand diese Variante »sehr überzeugend«.[158] Ebenso äußerte sich Kristina Sassenscheidt vom Denkmalverein, die das damalige Modellfoto (siehe Seite 45) auf Instagram veröffentlichte.[159] Etwa zeitgleich startete der Denkmalverein eine Petition zum Erhalt der alten Brücke, die binnen kurzer Zeit rund 25 000 Unterschriften sammeln konnte – eine der erfolgreichsten Petitionen im Bereich Stadtentwicklung überhaupt.

Doch der Rückgriff in die Planungsgeschichte wurde genauso wenig ernsthaft diskutiert wie eine andere originelle Idee von Brückeningenieuren: Die Statik der Brücke wäre erheblich entlastet, wenn man den Güterverkehr von den äußeren Fahrbahnen zur Brückenmitte hin verlagern würde. Die normalerweise rechte Spur für die langsamen Fahrzeuge wäre dann links, die linke für die schnelleren auf der rechten Seite. »Fahrtechnisch und anordnungstechnisch ungewöhnlich, aber wenn es nicht anders geht, wird man es wahrscheinlich machen können«, zitierte die ZEIT einen Verkehrsplaner.[160]

Alle Vorschläge, mit der alten Brücke einen Weg in die Zukunft zu finden, scheiterten letztlich am unbedingten Willen der Stadt, den Megafrachtern freie Fahrt zum Containerterminal Altenwerder zu ermöglichen. Dazu muss man wissen: Die Reederei »Hapag Lloyd«, die zu 14 Prozent im Besitz der Stadt Hamburg ist, hält 25 Prozent am Terminal Altenwerder und ist an deren Gewinn zu 50 Prozent beteiligt. Und so kam es, wie es kommen musste, wenn die Tunnellösung – auch in einer zeitweise erwogenen abgespeckten Form – wegen der hohen Kosten ausschied:[161] Abriss der alten, Bau einer neuen, höheren Köhlbrandbrücke.

Höher, weiter, länger

Leonhard hatte vorsorglich den erneuten Prüfauftrag nicht an HPA mit dem fixierten Tunnelblick vergeben, sondern an eine eigenständige Gesellschaft innerhalb der Freien und Hansestadt Hamburg: Die »Projekt-Realisierungsgesellschaft« (ReGe) hatte sich schon in der Vergangenheit mehrfach als Krisenmanagerin bewiesen – etwa bei der Erweiterung des Airbuswerks, der Ortsumgehung Finkenwerder und dem Bau der Elbphilharmonie. Am

Am 1. April 2024 verkündete Wirtschaftssenatorin Melanie Leonhard, dass die Nachfolgelösung für die Brücke eine Brücke sein soll: höher, länger, haltbarer.

Ostermontag 2024, einem 1. April, stellte Leonhard die Empfehlung der ReGe der Presse vor, einen Tag später verabschiedete der Senat die entsprechende Empfehlung, im Juni dann die Bürgerschaft.
Direkt nördlich neben der alten Brücke, ein Stückchen näher zur Innenstadt, soll für 4,4 bis 5,3 Milliarden Euro, je nach Inflation, bis 2042 eine neue Köhlbrandbrücke entstehen. Als Schrägseilkonstruktion mit zwei Pylonen, die sich optisch an der bestehenden Brücke orientieren, damit der Abschied nicht so schwerfällt. Durchfahrtshöhe bis zu 73,5 Meter – ausreichend auch bei Hochwasser für die derzeit dicksten Pötte der Weltmeere. Dafür müssen die Rampen in beide Richtungen um 500 Meter verlängert werden, weil die maximale Steigung nicht über vier Prozent steigen darf. Auf der Westseite muss die Auffahrt von weiter südlich Anlauf nehmen und den gesamten Rugenberger Hafen überqueren, im Osten bietet der Roßdamm genügend Platz zum Auslauf. Die Gesamtlänge der neuen Brücke wird 4970 Meter betragen, die Spannweite zwischen den Pylonen 400 Meter (jetzt 325 Meter).

Mit diesen Maßen wird die Brücke ungleich gewaltiger ausfallen – kaum vorstellbar, dass sie mit der Eleganz der alten konkurrieren kann. Um eine Ahnung von dem Ausmaß zu bekommen, muss man sich die künftige Fahrbahnhöhe auf einem Niveau vorstellen, dass in etwa an der unteren Kante des oberen Drittels der A-Öffnung der jetzigen Pylonen liegt.

Eine große Herausforderung besteht darin, die alte Köhlbrandbrücke bis zum Ende der Bauzeit der neuen für den Schwerlastverkehr befahrbar zu halten. Entwurfsplanung, Planfeststellungsverfahren, zusammen neun Jahre, und die neunjährige Bauzeit addieren sich auf 18 Jahre Wartezeit bis zur Inbetriebnahme. Mit etwas Glück könnte es drei Jahre schneller gehen. Schon jetzt ist abzusehen, dass dies nur mit massiven Einschränkungen möglich sein wird: noch mehr Wochenenden mit Vollsperrungen, einspurige Verkehrsführung und möglicherweise dauerhafte Umleitungen des Schwerlastverkehrs. Die jährlichen Kosten für die Instandhaltung werden nach Schätzungen der Wirtschaftsbehörde von aktuell 3,3 Millionen jährlich auf 10,7 Millionen Euro im Jahr 2029 steigen.

Wenn die neue Brücke steht, wird die alte Stück um Stück abgerissen. Die alte Kostenschätzung, 178 Millionen Euro, ist längst Makulatur. Man rechnet inzwischen mit 450 Millionen Euro, verteilt über vier Jahre. Zur Erinnerung: Ihr Bau hat einst 160 Millionen Mark gekostet. Irgendwann Mitte der 2040-er Jahre könnten dann die ersten Megacarrier nach Altenwerder kommen. Vorausgesetzt, diese Schiffsklasse ist dann noch wirtschaftlich relevant – und die vorgelagerten, bestehenden Abfertigungsplätze reichen nicht aus.

Wo Egon Jux weiterlebt

Bis von der alten »Köhle« nichts mehr zu sehen ist, wird es also bis in die 2040er Jahre dauern. Bis dahin wird auch das erste Brückenbauwerk von Architekt Egon Jux für Hamburg nur auf Bildern weiterexistieren – die Norderelbbrücke der A1 zwischen Obergeorgswerder und Billwerder Insel, der ebenfalls eine früh-

Die neue Brücke soll nördlich der alten verlaufen, 20 Meter höher und mit Zufahrtsrampen 1,3 Kilometer länger sein. Eine kurze Zeit werden beide Brücken in dieser Form nebeneinander zu sehen sein: Um 2040 ist die Fertigstellung geplant, dann beginnt der Abbau der vertrauten »Köhle«.

In der Gestaltung soll sich der Nachfolgebau an dem schlanken Entwurf von Egon Jux orientieren. Dennoch wird die 20 Meter höher liegende Fahrbahn für eine wesentlich wuchtigere Erscheinung sorgen.

Die neuen Norderelbbrücken, die bis 2031 entstehen sollen, orientieren sich formal deutlich an dem Vorgängerbau von Egon Jux. Die Beschränkung auf wenige Tragseilpaare pro Pylonenseite lässt das Bauwerk besonders filigran wirken.

zeitige Altersschwäche wegen zu starker Verkehrsbelastung zum Verhängnis wird. Zusammen mit dem 2021 abgerissenen Überseezentrum auf dem Kleinen Grasbrook sind dann alle drei großen Meisterleistungen des genialen Architekten aus dem Stadtbild verschwunden. Immerhin wirkt ein Teil seiner Ideen in den geplanten Neubauten weiter. Während im neuen Quartier auf dem Kleinen Grasbrook das ikonische Schleppdach des Überseezentrums nur als eine freie Interpretation in Form einer überdachten Promenade zitiert werden soll,[162] haben sich die Architekten der neuen Norderelbbrücken dezidiert auf den Vorgängerbau von 1963 bezogen. 2019 setzte sich im Wettbewerb der Vorschlag des Architektenbüros von Gerkan, Marg und Partner durch, der den markanten Schrägseilentwurf von Jux mit nur zwei Seilpaaren aufnimmt. Die hohe »öffentliche Wertschätzung als Ingenieurbauwerk«, ihre »Zeichenhaftigkeit und noble Zurückhaltung«, so Volkwin Marg, habe die Architekten veranlasst, »den Neubau als Evolution zu begreifen, der den neuen Anforderungen des achtstreifigen Ausbaus gerecht wird und gleichzeitig die Qualität des Genius Loci weiterführt«. Auf den Visualisierungen des als Doppelbrücke angelegten Bauwerks wirkt das überaus geglückt. Unterschiedlich hohe Pylonenquartette mit zwei bzw. drei Schrägseilpaaren nehmen die Asymmetrie der Ufer auf, die hell-silberne Beschichtung der Bauteile reflektiert die Farbe des Flusses. Andreas Rieckhoff, Mitglied der Wettbewerbsjury, schwärmt: Der Entwurf »unterstreicht die immense Bedeutung dieses Bauwerks für die Nord-Süd-Achse der A1, ohne sich dabei zu sehr in der sensiblen Landschaft aufzudrängen. Mit diesem Entwurf wird der Wahrzeichencharakter des Bauwerks bewahrt«.[163] Zunächst wird angestrebt, bis 2028/29 den nördlichen Teil der Brücke fertigzustellen. An diesen schließt eine gesonderte Achse für Fußgänger und Radfahrer an. Danach wird die alte Brücke abgerissen und an deren Stelle der zweite Teil gebaut.

Verneigung vor dem Vorbild

Mit hoher Wahrscheinlichkeit wird die Köhlbrandbrücke sogar in zwei Zitaten auferstehen. Nicht nur an alter Stelle, sondern auch 3300 Meter weiter stromaufwärts. Der geplante Ausbau der Autobahn 26, die im Süden Hamburgs die A7 bei Moorburg (Autobahnkreuz Hafen) und die A1 bei Stillhorn (Autobahndreieck Süderelbe) verbinden wird, kreuzt die Süderelbe unmittelbar südlich der Kattwykbrücke.[164] Eine Ost-West-Verbindung durch den Hafen ist seit Jahrzehnten im Gespräch, zunächst als »Hafenquerspange«, seit 2008 mit neuer Routenführung als »Hafenpassage«. Der 2013 ausgeschriebene Wettbewerb forderte, dass der Entwurf für die neue Brücke »die Köhlbrandbrücke ergänzen, aber optisch nicht mir ihr konkurrieren soll«.[165] Schließlich liegen beide Brücken in Sichtweite voneinander entfernt.

Und tatsächlich gewann der Beitrag, der die größte optische Ähnlichkeit mit dem etablierten Wahrzeichen hat. Dessen Urheber, die Ingenieurgemeinschaft sbp – WTM – D+W,[166] verneigt sich in der Präsentation vor der Köhlbrandbrücke »als Vorzeigemodell der deutschen Brückenbaukunst« und »eines der Wahr-

zeichen Hamburgs«.[167] Deutlich wird dies vor allem in der Betonung der beiden 140 Meter hohen, zweistieligen Pylonen, die je 26 Seilpaare in Fächerform halten. Durch den fünf Meter breiten Lichtspalt zwischen den Fahrbahnen wirkt das 535 Meter lange Bauwerk noch filigraner als das Vorbild. Bei aller Reverenz – eine Kopie ist die Brücke nicht. Die Pylonen spreizen sich nicht quer zum Brückendeck, sondern parallel dazu.[168] Bis 2031 soll das etwa 175 Millionen Euro teure Vorhaben Wirklichkeit werden.[169]

Das Original bleibt einmalig

Ob sich diese Moorburger Süderelbbrücke oder die neue Köhlbrandbrücke als neue Wahrzeichen Hamburgs etablieren, wird

Auch die neue Moorburger Süderelbbrücke, ein Teilstück der geplanten A26 südlich von Hamburg, hat sich die Köhlbrandbrücke zum Vorbild genommen. Sie wird gut drei Kilometer südlich, in Sichtweite der Kattwykbrücken, die Süderelbe queren und zur lange angekündigten »Hafenpassage« gehören, die bei Stillhorn auf die A1 treffen wird. Der Entwurf der Planungsgemeinschaft Süderelbequerung sbp – WTM – D+W übernimmt die Drachenpylonen, stellt sie aber längs zur Fahrtrichtung auf. Der Lichtspalt zwischen den Fahrbahnen lässt das Bauwerk leichter erscheinen.

sich zeigen. Erstere ist zu weit vom Stadtbild entfernt, um mit diesem zusammen wahrgenommen zu werden. Es bleibt zu hoffen, dass die neue Köhlbrandbrücke trotz ihrer gewaltigen Höhe in die harmonische Visitenkarte Hamburgs passt, wie sie sich jetzt von der A7 den aus Süden Kommenden präsentiert: backbord das hanseatische Portal aus Hafenkränen und großen Pötten, steuerbord die schwungvolle Brückenrampe und voraus der obere Teil der Stadtsilhouette über der Elbtunneleinfahrt. Dennoch: Die alte Köhlbrandbrücke wird immer einmalig bleiben. Sie ist das Original. Noch ein paar Jahre im Stadtbild, dann in unseren Herzen.

Die vornehme Formsprache der Köhlbrandbrücke, die harmonische Einheit von Pylonen und Containerbrücken und die Aussicht von der geschwungenen Fahrbahn auf das Stadtpanorama mit Strom, Hafen und Kirchtürmen verbinden sich zur schönsten Visitenkarte der Hansestadt.

Rundfahrt

Zu den schönsten Perspektiven auf die Köhlbrandbrücke und weiteren einzigartigen Brücken im Hamburger Hafen

Die Köhlbrandbrücke zählt zu den meistfotografierten Sehenswürdigkeiten Hamburgs. Interessanterweise wirkt jedes Bild anders: Mal betont der Ausschnitt das Filigrane, mal das Monumentale. Von hier ist ihr eleganter Schwung am besten sichtbar, von dort die harmonische Folge der Pfeiler. Mal ist der Himmel der kontrastierende Hintergrund, mal verschwimmt die Konstruktion mit dem Grau in Grau. Es ist erstaunlich, wie unterschiedlich das Bauwerk aus verschiedenen Perspektiven wirkt.

Der auf diesen Seiten präsentierte Tourvorschlag führt zu den acht eindrucksvollsten öffentlich erreichbaren Aussichten auf die Köhlbrandbrücke. Es wäre geradezu ignorant, bei dieser Gelegenheit nicht auch die anderen Brücken-Highlights zu würdigen, die in unmittelbarer Nachbarschaft liegen. Hamburg ist in dieser Beziehung nicht nur quantitativ ganz vorne: Mit rund 2500 hat die Hansestadt mehr Brücken als Amsterdam, Venedig, Gent und Stockholm zusammen.[170] Auch qualitativ betrachtet hat Hamburg einige Superlative zu bieten: Deutschlands längste Straßenbrücke (nein, nicht die Titelheldin), die größte Klappbrücke Europas und die weltgrößte Hubbrücke. Deshalb verbindet diese Tour die schönsten Fotospots für die Köhlbrandbrücke mit sieben weiteren sehenswerten Bauwerken über die Elbarme im Hafengebiet.

Für die 15 Empfehlungen sind jeweils die Navigationsziele angegeben. Der genaue Streckenverlauf hängt davon ab, ob man mit dem Auto oder dem Fahrrad unterwegs ist. Die Reihenfolge der Stopps ist für einen am Altonaer Fischereihafen beginnenden Rundkurs im Uhrzeigersinn sortiert. Vom letzten Streckenpunkt können Radelnde mit der Fähre 62 zurück nach Altona schippern, Autofahrende nutzen die nahe gelegene A7-Anschlussstelle Waltershof. Vom Startpunkt bis zum Ziel sind es mit dem Auto rund 50, mit dem Fahrrad 46 Kilometer. Zusammen mit den teilweise erforderlichen Fußwegen sollte man mit dem Pkw mindestens drei, mit dem Rad etwa fünf Stunden einplanen.

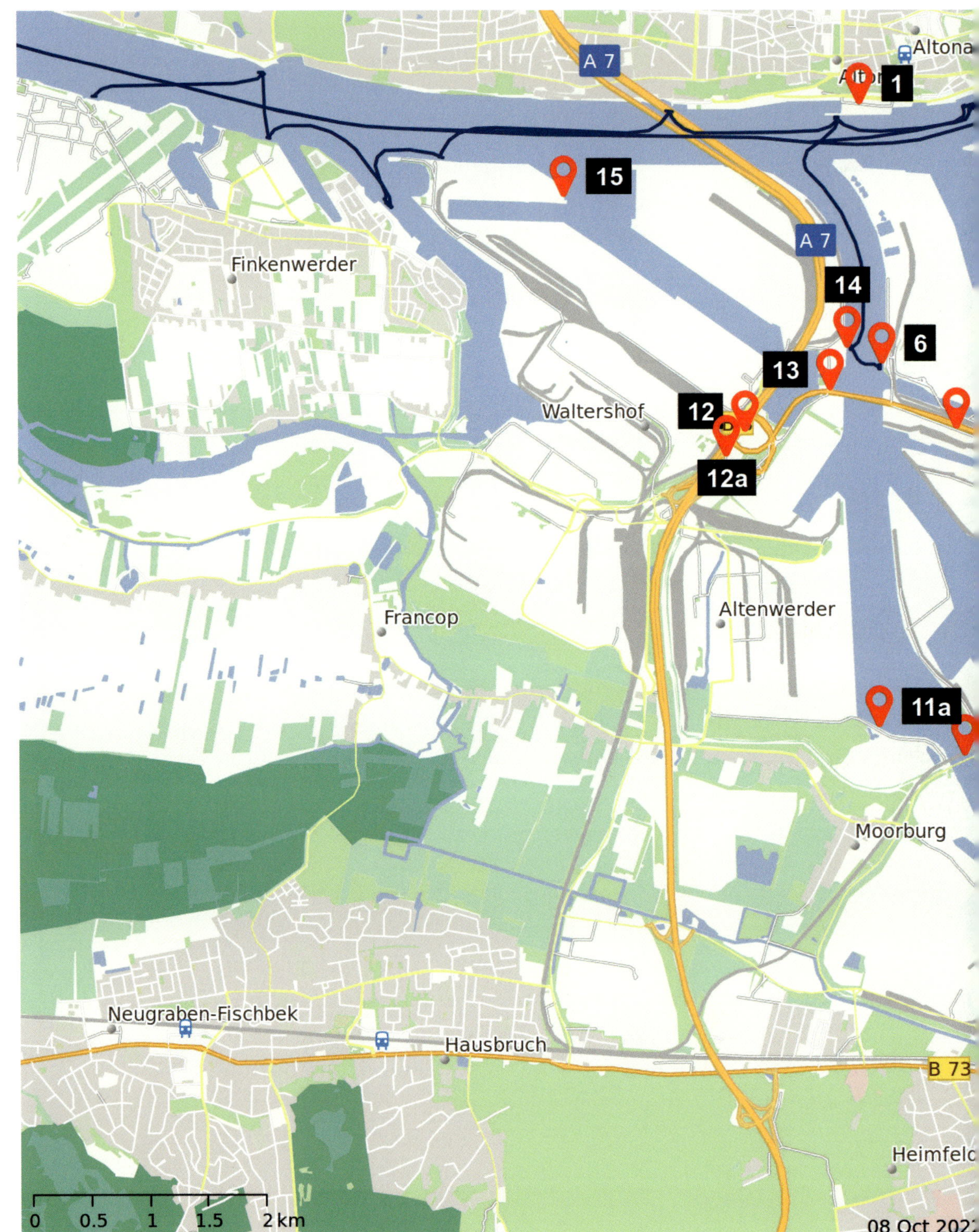
Altona
A 7
1
15
A 7
Finkenwerder
14
6
13
12
Waltershof
12a
Altenwerder
Francop
11a
Moorburg
Neugraben-Fischbek
Hausbruch
B 73
Heimfelc
0
0.5
1
1.5
2 km
08 Oct 202

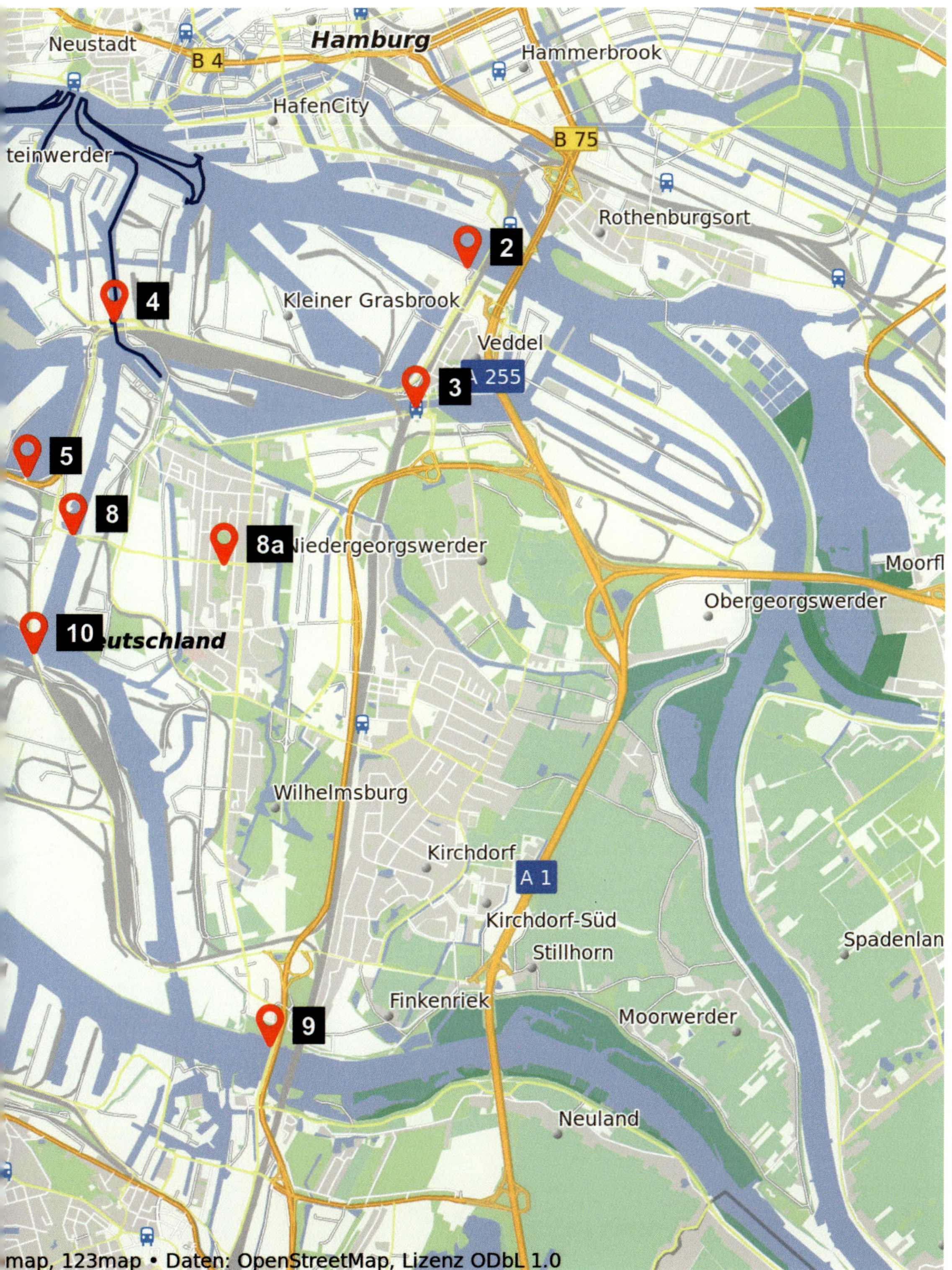
Neustadt
B 4
Hamburg
Hammerbrook
HafenCity
teinwerder
B 75
Rothenburgsort
2
4
Kleiner Grasbrook
Veddel
A 255
3
5
8
8a
Niedergeorgswerder
Moorfl
Obergeorgswerder
10
eutschland
Wilhelmsburg
Kirchdorf
A 1
Kirchdorf-Süd
Spadenlan
Stillhorn
Finkenriek
9
Moorwerder
Neuland
map, 123map • Daten: OpenStreetMap, Lizenz ODbL 1.0

1. Dockland
Die formale Kreuzung aus Gebäude und Schiff ist ein Parallelogramm – zumindest in der Interpretation des Architekten Hadi Teherani, der mit dem Dockland ein markantes Bürohaus im Altonaer Fischereihafen geschaffen hat. Von der meist öffentlich zugänglichen, 500 Quadratmeter großen Dachterrasse in 25 Metern Höhe hat man einen umfassenden Blick auf alle Containerterminals des Hafens. Darüber erheben sich die beiden Pylonen der Köhlbrandbrücke, als seien sie die Kirchtürme des Hafens. Flankiert werden sie aus dieser Perspektive von den dritthöchsten Strommasten Deutschlands, die in 138 Metern Höhe eine 110-Kilovolt-Drehstromfreileitung zwischen Waltershof und Neuhof über den Köhlbrand spannen. Sollte der Zugang zur Dachterrasse – zum Beispiel wegen starken Windes – geschlossen sein, bieten sich als Alternativen mit ganz ähnlichen Perspektiven das Dach des benachbarten **Cruise Center Altona** oder der **Altonaer Balkon** an.

2. Freihafenelbbrücke
An der 1926 fertiggestellten Freihafenelbbrücke (Navigationsziel für Haltepunkt und Fotoperspektive: am Holthusenkai) endet der für Seeschiffe befahrbare Teil der Elbe. Ihre Bauzeit, unterbrochen durch den Ersten Weltkrieg, betrug zwölf Jahre. Ihre imposanten Fachbogenträger aus einem besonders soliden Stahl (»Deutsche Bögen«) machen sie zu einer der schwersten Brücken Deutschlands und waren damals zukunftweisend. Konstruktiv ist sie mit der Kölner Hohenzollernbrücke über den Rhein verwandt. Charakteristisch ist jedoch die zweite Ebene der Brücke, die für eine U-Bahn-Strecke durch den Freihafen nach Steinwerder installiert wurde. Dazu kam es aber nie. Die Zukunft der denkmalgeschützten Brücke ist unklar – die Optionen reichen vom Köhlbrandbrücken-Schicksal bis zur fachgerechten Sanierung. »Hier haben wir es mit reiner Ingenieursästhetik zu tun – ein überwältigender Zweckbau, dem wir Respekt schulden«, sagt Architekt Volkwin Marg.[171]

3. S-Bahnhof Veddel

Man muss sich auf dem Bahnsteig erstmal orientieren, bis man am Horizont die Silhouette der Köhlbrandbrücke erkennt. Aber die Perspektive lohnt sich: Aus diesem Winkel zeigt sich die Krümmung des geschwungenen Fahrbahnbands von seiner elegantesten Seite. Wer nur fürs Foto auf den Bahnsteig will, sollte am Automaten eine »Bahnsteigkarte« für zehn Cent ziehen. Bei den doch recht häufigen Kontrollen kann es sonst 60 Euro teurer werden.

4. Argentinienbrücke

Die Brücke, die den Reiherstieg zwischen dem Kleinen Grasbrook und Steinwerder überspannt, wäre nicht weiter des Anhaltens wert (Parkmöglichkeit im Ellerholzdamm), wenn da nicht dieses große polarisierende Graffiti wäre. Der Fußweg zum Fähranleger unter dem Bauwerk führt direkt dorthin. Die bunte Hamburgensien-Collage entstand 2011 im Auftrag der HPA. Bis dahin zog auf dem gegenüber liegendem, leerem Brückenpfeiler mitten im Reiherstieg die Skulptur »Goldenes Kalb« von Elisabeth Richnow die Blicke auf sich. Die Wilhelmsburger Künstlerin war über die Konkurrenz der Artefakte verärgert, weil sie das Graffiti als Ausdruck eines »Disneylands im Hafen« verstand,[172] gegen das ihre Kunst gerade protestieren wolle, und entfernte ihr 2008 aufgestelltes Werk wieder.

5. Breslauer Straße

Es ist nicht ganz ungefährlich, an der Kreuzung von Köhlbrandbrücke und Breslauer Straße zu stehen (Haltemöglichkeit hundert Meter weiter rechts: am Travehafen). Hier kippen immer mal wieder Lastwagen um, die mit zu viel Schmackes von Waltershof kommend die scharfe Linkskurve Richtung Containerterminal Tollerort nehmen. Doch der freie Ausblick auf die lange Ostrampe der Brücke ist das Risiko wert. Außerdem sieht man von hier den Verkehrswegweiser, der den Beginn der Bundesstraße 3 markiert. Seit dem 1. Februar 2021 ist die Köhlbrandbrücke mautpflichtig für Lastwagen und das nördliche Ende dieser Fernstraße, die sich über gut 800 Kilometer durch die Republik bis zum deutsch-schweizerischen Grenzübergang Weil-Otterbach schlängelt.

6. Anleger Neuhof
Vom Anleger der HVV-Fähre 61 bietet sich der beste unverstellte Blick auf die Seitenansicht der Brücke. Auch einmal umdrehen lohnt sich: Am Ufer ragt der imposante Kuppelbau der Hamburger Festmacher »Hamburg Lines Men« auf.

7. Nippoldstraße
Vor dem Bau der Brücke war die Nippoldstraße eine der meistbefahrenen Straßen Wilhelmsburgs, weil sie zu den Köhlbrand-Fähren führte. Heute ist dort auf der Nordseite, wo früher die Garagen der Neuhöfer standen, ein langer, großer Firmenparkplatz, von dem man direkt in die Eingeweide der Pfeilerkonstruktion schauen kann.

8. Reiherstiegklappbrücke
Die 112 Meter lange Waagebalken-Klappbrücke wurde 1983 erbaut. Von Montag bis Freitag wird sie zwischen 6 und 7 sowie zwischen 7:30 Uhr und 14 Uhr nach Anmeldung für Schiffe geöffnet. Wer samstags zwischen 14 und 18 Uhr oder sonntags zwischen 11 bis 18 Uhr unterwegs ist, kann einen Abstecher zum nahegelegenen **Energiebunker** (8a) einplanen, dessen zu diesen Zeiten geöffnete Dachterrasse (mit Café »vju«) aus 30 Metern Höhe einen fantastischen Hamburg-Blick bietet – auch auf die Köhlbrandbrücken-Rampe.

9. Alte Harburger Elbbrücke
Die älteste erhaltene Straßenbrücke Hamburgs wurde 1899 von Kaiser Wilhelm II. eröffnet. Heute dürfen zwischen ihren majestätischen Portalen nur Fußgänger und Radfahrer verkehren (Parkmöglichkeit im Buschwerder Hauptdeich). Die aus Portasandstein gemauerten Eingangstore der Stahlbogenbrücke wurden von dem Hannoveraner Architekten Hubert Stier entworfen, der auch die Bahnhofsgebäude in Bremen und Hannover sowie das Rathaus des argentinischen La Plata zeichnete.

10. Retheklappbrücke
Die Doppel-Klappbrücke mit getrennter Trassenführung für Straße und Schiene ersetzt seit 2017 die Rethe-Hubbrücke von 1934 und gilt als die größte ihrer Art in Europa. Vier Minuten dauert es, bis sich die 67 Meter langen Flügel senkrecht gestellt haben und die Fahrrinne der Rethe in voller Breite und unbeschränkter Höhe freigeben. Bis 2020 musste dieses technische Unikat, mit zahlreichen Design- und Ingenieurspreisen ausgezeichnet, wegen einiger Kinderkrankheiten und eines verbogenen Hydraulikzylinders mehrmals gesperrt werden.

11. Kattwykbrücken
Vom Europarekord zum Weltrekord: Die Straßenbrücke der beiden Kattwyk-Bauwerke war zum Zeitpunkt ihrer Inbetriebnahme 1973 die weltgrößte Hubbrücke. Die Schienen in der Mitte zeugen noch heute davon, dass sie einmal eine kombinierte Bahn- und Straßenbrücke war. Seit 2020 nutzt der Schienenverkehr die neue Kattwyk-Bahnbrücke, Deutschlands größte und Europas längste Hubbrücke. Im Gegensatz zur Köhlbrandbrücke liegen die Kattwykbrücken hinter dem Containerterminal Altenwerder, deshalb reichen ihnen 53 Meter Durchfahrtshöhe. Alle zwei Stunden fahren die Fachwerkbalken für etwa 20 Minuten hoch, um den Schiffsverkehr durchzulassen. Unmittelbar südlich wird (frühestens) ab 2031 eine Schrägseilbrücke die A26 über die Süderelbe führen (siehe Seite 160/161). Radfahrern sei für die Strecke zum nächsten Ziel die Variante über den **Drewer Hauptdeich** (11a) empfohlen, von dem aus man unmittelbar auf das Containerterminal Altenwerder und die volle Breitseite der Köhlbrandbrücke blicken kann.

12. Hochstraße Elbmarsch
An der Nordwestseite des großen Parkplatzes um das Zollamt Waltershof (= Navigationspunkt) lassen sich die Innereien der längsten Straßenbrücke des Landes am besten bewundern. Nur wenige Reisende oben auf der A7 werden sich darüber bewusst sein, worauf sie da gerade

fahren. Von der Anschlussstelle Heimfeld bis zum Elbtunnel steht die A7 komplett auf Pfeilern. 1974, bei der Einweihung, waren es 3000. Damals hatte man in kluger Voraussicht zwischen den beiden Fahrbahnen eine Lücke für den vierspurigen Ausbau gelassen. Der wird nun bis 2030 umgesetzt. Besonders spannend ist die Pfeilerkonstruktion dort, wo sich die Abstützungen der Hochstraße und der Köhlbrandbrückenrampe kreuzen. Die beste Sicht darauf hat man, wenn man der Sackgasse **Hornsand** (12a) bis zum Ende folgt.

13. Rugenberger Damm
Diese Straße zum Containerterminal Burchardkai führt zunächst parallel zu den Köhlbrandbrückenpfeilern im Rugenberger Hafen. Unmittelbar nachdem die Brücke unterfahren ist, liegt rechts ein kleiner HPA-Parkplatz. Dort lässt es sich kurz halten, um am Pfeiler 100 den Zugang zum Fahrstuhl in den Stahlkasten anzuschauen. Ein paar Meter weiter Richtung Ufer, direkt neben dem massigen Pfeiler für den Westpylon, hat man eine prächtige Aussicht über den Köhlbrand und auf die Bauchseite der Brücke.

14. Anleger Waltershof
Die HVV-Fähre 61 von Neuhof Richtung Landungsbrücken hat hier ihren ersten Halt – und zeichnet so ungefähr die Route der früheren Auto- und Trajektfähren nach, die die Köhlbrandquerung vor dem Brückenbau sicherstellten. Heute hat man von dem Anleger einen weiten Blick auf das Brückenbauwerk (Parkmöglichkeit: Altenwerder Damm rechts vor der ersten Linkskurve). Der Fuß- und Radweg am Anleger empfiehlt sich in beide Richtungen: Südlich kommt man der Brücke noch ein bisschen näher, nördlich lässt sich der Köhlbrand entlang der früheren Ferienkolonie (siehe Seite 22) bis zur Mündung in die Norderelbe begleiten.

15. Bubendey-Ufer
Das letzte Ziel der Brückentour führt an die Nordspitze Waltershofs, einem der schönsten Aussichtspunkte auf Hamburg südlich der Elbe (Parkmöglichkeit: Bubendey-

weg). In westlicher Richtung sieht man die Nautische Zentrale des Hafens und dahinter die Lotsenstation Seemannshöft, ein roter Backsteinbau des legendären Architekten Fritz Schumacher, dessen Turm die Tide und den aktuellen Wasserstand in Dezimeter über Seekartennull anzeigt. Zum Blick auf die Köhlbrandbrücke führt aber der Fußweg entlang der Mauer in östlicher Richtung. Ganz am Ende des Weges, zwischen Petroleum- und Parkhafen, eröffnet sich ein einzigartiges Panorama: Die Brücke am Horizont wird flankiert von den größten Containerschiffen, die an den Containerterminals Waltershof (rechts) und Burchardkai (links) festgemacht haben. Diesen Blick wird es nicht mehr lange geben – noch vor dem Abriss der Brücke wird für die Westerweiterung des Waltershofener Hafens die Landspitze gekappt. Die Ozeanriesen, die das Eurogate Container Terminal Waltershof ansteuern, können dann von den Schleppern in einem größeren Drehkreis gewendet werden und versperren während des Manövers nicht mehr die gesamte Fahrrinne.

Ergänzend noch die Empfehlung, einmal die Köhlbrandbrücke vom Wasser aus zu erleben. Dafür bieten sich beispielsweise die Hafentouren von Maike Brunk an, die ihr profundes Wissen auf sehr angenehme Weise und ohne die üblichen platten Schenkelklopfer vermittelt.[173] Und die Krönung der Brückenerschließung ist natürlich die Autofahrt durch die Pylonen, wobei beide Richtungen einen ganz unterschiedlichen Charme vermitteln (siehe Vorwort »Auffahrt«). Am schönsten ist es, spätabends oder nachts bei wenig Verkehr aus dem Elbtunnel aufzutauchen, das Bauwerk linker Hand in stimmungsvoller Beleuchtung zu bewundern und dann von der Abfahrt Waltershof aus die geschwungenen Kurven emporzufahren. Hamburgs Lichtermeer liegt Ihnen zu Füßen.

Dank

Der erste Dank geht an Helene – sie war der Grund, warum ich mich vor über 30 Jahren in Hamburg verliebte. Im doppelten Sinn. Die Köhlbrandbrücke hatte mir Helene anfangs nur als Schleichweg empfohlen, wenn es sich vor dem Elbtunnel staute. Doch bald gehörte der Abstecher zu meiner Normalroute aus dem Süden. Als ich dann in Hamburg wohnte, nutzte ich weiterhin jede Gelegenheit, über die Brücke in den Hafen zu kommen, seiner Geschichte vor Ort nachzuspüren und »lost places« zu suchen.

Die Idee, dem todgeweihten Wahrzeichen ein Buch zu widmen, entstand auf den Brücken- und Hafentouren, die ich für Freundinnen und Freunde aus der norddeutschen Oldtimerszene organisierte. Ich spürte: Meine Begeisterung war nicht nur ein Spleen, sondern auch noch ansteckend. Ich danke allen Mitfahrerinnen und -fahrern für die Ermunterung.

Dass sich neben den bekannten Fakten so viele Geschichten finden ließen, die bislang noch nicht veröffentlicht wurden, verdanke ich der Aufgeschlossenheit und Hilfsbereitschaft vieler Expertinnen und Experten. Ganz besonders danke ich Tomas Buhr von der HPA, der mich mehrmals in die faszinierenden Innereien der Brücke mitnahm. Desweiteren danke ich Anneka Redon von der HPA-Bibliothek, dem früheren HPA-Ingenieur Hermann Jonetzki, dem Polizeioberrat Michael Lootz, dem Polizeiseelsorger Marc Meiritz, den ehemaligen Neuhöfern Willi Adomeit und Walter Happernagl, den Architekten Volkwin Marg und Siegfried v. Hopffgarten, dem Lichtkünstler Michael Batz, Gerhard Dauscher vom Miniatur Wunderland, dem Ehepaar Marco und Ina Dierich, Cornelia Kost, Sven Silligmüller und dem Team des Staatsarchivs der Freien und Hansestadt Hamburg.

Last but not least ein herzliches Dankeschön an meine Frau und meine Tochter, die mich trotz ihrer Höhenangst immer wieder und zu allen möglichen Tageszeiten auf meinen Fahrten über die Köhlbrandbrücke tapfer begleitet haben.

Anmerkungen

1 Die verbreitete Längenangabe von 3,9 Kilometern schließt die Rampenanschlüsse Breslauer Straße und Neuhöfer Damm ein, die nicht zur Verkehrshauptrichtung gehören.

2 https://www.cornelia-mertens.de/?p=10851

3 Zitiert nach Ernst Reinstorf: Geschichte der Elbinsel Wilhelmsburg: vom Urbeginn bis zur Jetztzeit. BoD (Books on Demand) Norderstedt 2003 (= Nachdruck der Ausgabe Wilhelmsburg 1955), 188.

4 Ebd., 190.

5 Vgl. dazu auch den Blog des Historikers Frank Becker auf https://tabletop-deutschland.com/2016/03/26/napoleonische-kriege-in-norddeutschland-verkehrswege-teil-3/

6 https://www.awo-hamburg.de/awo-100-jahre/als-wir-auf-dem-koehlbrand-waren-zeitzeugen/

7 Zu erreichen über den Parkplatz am Altenwerder Damm oder mit der HVV-Fähre über den Anleger Waltershof.

8 Der Aviso »Grille«, 1934 bei »Blohm und Voss« vom Stapel gelaufen, war ein Schiff der Kriegsmarine und gleichzeitig eine Staatsyacht, die Adolf Hitler für private und repräsentative Zwecke zur Verfügung stand.

9 Staatsarchiv Hamburg (StA HH), 322-3_A 296 Planung der Elbhochbrücke, 1939–1941.

10 Rede Hitlers vor den Truppenkommandeuren des Heeres vom 10.2.1939. Zitiert nach Jost Dülffer/Jochen Thies/Josef Henke (Hgg.): Hitlers Städte – Baupolitik im Dritten Reich: eine Dokumentation. Köln/Wien 1978, 297.

11 KdF = »Kraft durch Freude«, Freizeitorganisation der nationalsozialistischen Deutschen Arbeiterfront.

12 Zitiert nach: Hartmut Frank: »Das Tor der Welt« – Die Planungen für eine Hängebrücke über der Elbe und für ein Hamburger »Gauforum« 1935–1945. In: Ulrich Höhns: Das ungebaute Hamburg – Visionen einer anderen Stadt in architektonischen Entwürfen der letzten hundertfünfzig Jahre. Hamburg 1991, 84.

13 Vgl. L. Casagrande: Voruntersuchungen für die Gründung der Hamburger Hochbrücke. In: Der deutsche Baumeister 2 (1941), 18–21.

14 Gutschow: Erläuterungsbericht zur Elbufergestaltung. StA HH 322-3_A 296 Planung der Elbhochbrücke, 1939–1941.

15 Gutschow an Paul Schmitthenner 21.7.1940. StA HH, 322-3_A 296 Planung der Elbhochbrücke, 1939–1941.

16 Herbert Diercks: Der Hamburger Hafen im Nationalsozialismus – Wirtschaft, Zwangsarbeit und Widerstand: Texte, Fotos und Dokumente zur Hafengeschichte. Hamburg 2015, 30.

17 StA HH 621-2/11_AV 8 Köhlbrandbrücke, Vorschlag Gutschow.

18 Vgl. Diercks, a.a.O. (Anm. 16), 32.

19 https://www.ndr.de/geschichte/chronologie/hitlershafen101_page-2.html

20 Mitteilung der Staatlichen Pressestelle Hamburg vom 19.4.1968. StA HH 312-5_671.

21 Mitteilung des Senats an die Bürgerschaft 5.11.1968 (Drucksache 1650). StA HH 312-5_671, 3.

22 Bürgerschaftsdrucksache Nr. 514 vom 7.3.1967.

23 Vgl. Sven Bardua: Von der Sparvariante zum Wahrzeichen: die Köhlbrandbrücke. In: Architektur in Hamburg 30 (2018/19), 210–217.

24 Vgl. Günter Thode: Die Köhlbrandbrücke. In: Holt fast 95 (2003), 32.

25 Heute Nippoldstraße, benannt nach dem 1. Vorsitzenden der Neuhöfer Wohnstättengesellschaft.

26 Harburger Volksblatt 8.5.1929 (unter dem Pseudonym »Roamer«).

27 Zur Geschichte Neuhofs vgl. auch http://www.harbuch.de/frische-themen-artikel/eine-art-wohnschiff-fuer-werftarbeiter.html und vor allem die vorzüglich zusammengestellte Seite von Peter Pforr: http://www.alt-wilhelmsburg.de/indexneuhof.htm

28 Vgl. Mitteilung des Senats an die Bürgerschaft vom 5.11.1968 (Drucksache 1650), StA HH 312-5_671, 3f.

29 Ebd., 3.

30 Ebd. (Tunnel: 235 Millionen, Brücke: 129 plus 30 Millionen).

31 Zitat Kern aus: Eine Hochbrücke wird den Köhlbrand überspannen. In: DIE WELT 92 (1968) 19.4., 21.

32 Rudolf Schwab, Hermann Homann: Der Bau der Köhlbrandbrücke – Allgemeines, Vorarbeiten, begleitende und ergänzende Maßnahmen. In: Die Bautechnik 52 (1975), 148.

33 Rudolf Schwab: Die Köhlbrandkreuzung – Überblick über die planerische Vorbereitung eines großen Brückenbauprogramms. In: Jahrbuch der Hafenbautechnischen Gesellschaft 34 (1974/75). Hg. v. Arved Bolle und Reinhart Kühn. Berlin/Heidelberg/New York 1975, 162.

34 Leonardo Fernández Troyano: Tierra sobre el Agua – Vision Histórica Universal de los Puentes. Madrid 1999, 661.

35 Schwab/Homann, a.a.O. (Anm. 32), 149.

36 Karl H. Hoffmann: Jürgen Marlow. In: https://www.architekturarchiv-web.de/portraets/l-n/marlow/index.html

37 »Immer kühner, immer schöner«. In: Der Spiegel 38/1974, 127.

38 Die heutige Ansicht spiegelt das nicht wider: 1984 bis 1986 wurden Pylonen und Aufhängung verändert.

39 »Immer kühner, immer schöner«, a.a.O. (Anm. 37), 130.

40 »Immer kühner, immer schöner«, a.a.O. (Anm. 37), 129.

41 Sven Bardua: Die Köhlbrandbrücke – von der Sparvariante zum Wahrzeichen. In: Jahrbuch Architektur in Hamburg 2018/19. Hg. v. der Hamburgischen Architektenkammer. Hamburg 2018, 216.

42 Cyan 100%, Magenta 60%, Gelb 30%, Schwarz 40%.

43 »Die Brücke – Hamburgs neuer Weg über den Köhlbrand«. Hg. v. d. Staatlichen Pressestelle in Zusammenarbeit mit der Behörde für Wirtschaft und Verkehr Hamburg. Hamburg 1974, 14.

44 Im Zuge des Austauschs der Tragseile ab 1976 wurden allerdings optisch unauffällige Stoßdämpfer eingebaut (siehe dazu Kapitel 3).

45 »Immer kühner, immer schöner«, a.a.O. (Anm. 37), 129.

46 Vgl. Josef Nyary: Drunter oder drüber am Köhlbrand? In: Hamburger Abendblatt 21/22.04.2018, 22.

47 »Triumphbogen am Hafen: ein Wahrzeichen feiert Geburtstag«. In: Die Welt 17.9.1999.

48 Johannes Rabe, Helmut Baumer: Die Gründungen und Pfeiler der Köhlbrandbrücke. In: Die Bautechnik 52 (1975), 182.

49 Vgl. Hans G. Stark: Schlaflose Nächte wegen geplanter Köhlbrandbrücke. In: Bezirksblatt 22.5.1968.

50 »›Ghetto‹ in der Nippoldstraße«. In: Harburger Anzeiger 24.5.1968.

51 »Wer will, kann wegziehen«. In: Wilhelmsburger Zeitung 9.7.1968.

52 Entwurf für ein Schreiben an die Einwohner Neuhofs im Bereich der neuen Köhlbrandbrücke, 24.5.1968. StA HH 353-4_704.

53 Vgl. Umquartierung einiger Bewohner Neuhofs zwecks Geländeräumung für den Bau der Köhlbrandbrücke, 1968–1971. StA HH 353-4_704 und »Es ging wieder um den Häuserblock Neuhof«. In: Wilhelmsburger Zeitung 29.11.1968.

54 »Neue Heimat: Neuhof-Häuserblock bleibt«. In: Wilhelmsburger Zeitung 21.9.1970.

55 »Alle Häuser werden untersucht«. In: Harburger Anzeigen und Nachrichten 6.9.1969.

56 Vgl. Rabe/Baumer, a.a.O. (Anm. 48), 197.

57 Zitiert nach Bardua, a.a.O. (Anm. 41), 215.

58 Vgl. Rudolf Schwab: Die Köhlbrandbrücke – ein Bildbericht vom Bauablauf. In: Hansa 111 (1974), 624.

59 https://www.hansebubeforum.de/showtopic.php?threadid=2655

60 Vgl. Paul Boué, Hans-Dieter Höft: Austausch der Tragseile der Köhlbrandbrücke in Hamburg. In: Bauingenieur 65 (1990) 2, 60f.

61 »Drahtseilakt mit Pannen«. In: Hamburger Abendblatt 19.9.1994.

62 »Hamburgs neuer Weg über den Köhlbrand«, a.a.O. (Anm. 43), 2.

63 Schwab/Homann, a.a.O. (Anm. 32), 154.

64 Heute beleuchten die Strombrücke Natriumdampf-Hochdrucklampen mit 100 Watt und einer mittleren Lebensdauer von 48 000 Stunden.

65 Schreiben des »Amts für Strom- und Hafenbau« an den Rechnungshof der Freien und Hansestadt Hamburg vom 25.11.1980, 6. StA HH 312-5_671.

66 Schreiben des »Amts für Strom- und Hafenbau«, a.a.O. (Anm. 53), 3.

67 Ebd., 6.

68 »Auch Orkane blasen keine Autos in den Köhlbrand«. In: Hamburger Abendblatt 10.7.1973.

69 Ebd.

70 Schreiben des Rechnungshofes der Freien und Hansestadt Hamburg an die »Behörde für Wirtschaft, Verkehr und

Landwirtschaft« vom 24.6.1980. StA HH 312-5_671.

71 Schreiben des »Amts für Strom- und Hafenbau«, a.a.O. (Anm. 53), 2–4. StA HH 312-5_671.

72 Vgl. »Hamburger nahmen die neue Brücke im Sturm«. In: Hamburger Abendblatt 21.9.1974, 3.

73 Vgl. »›Nu, denn latschen wir mal nieber‹«. In: Hamburger Abendblatt 21.9.1974, 3.

74 Katja Iken: »Lieber zehn Minuten Angst als einen Monat arbeiten«. https://www.spiegel.de/geschichte/arnim-dahl-stuntman-der-wirtschaftswunder-aera-a-1274800.html

75 Vgl. Sonstige Lustbarkeiten und Veranstaltungen: Einweihung der Köhlbrandbrücke. StA HH 442-7_179.

76 Vgl. dazu auch Christian Brost: Neuhof – Hamburgs vergessener Stadtteile. http://www.alt-wilhelmsburg.de/indexneuhof.htm

77 Mail Jonetzkis an den Autor vom 2.9.2020.

78 Vgl. Drucksache 22/8528 der Bürgerschaft der Freien und Hansestadt Hamburg vom 5.7.2022 (Große Anfrage zur Neuen Köhlbrandquerung und der A26-Ost), 2.

79 Christof Ullerich: Permanentes Echtzeit-Monitoring von Verkehrslasten auf der Köhlbrandbrücke. In: Bauingenieur 87 (2012) 433.

80 Vgl. Matthias Grabe, Christof Ullerich, Marc Wenner, Martin Herbrand: smartBridge Hamburg – prototypische Pilotierung eines digitalen Zwillings. In: Bautechnik 97 (2020), 2, 118–125.

81 »Nicht geheuer«. In: Der Spiegel 26/1977.

82 Vgl. zum Seiltausch ingesamt Boué/Höft, a.a.O. (Anm. 63), 59–71.

83 Vgl. Schreiben des Rechnungshofes, a.a.O. (Anm. 60), 18.

84 »›Unsere Brücke‹«. In: Hamburger Abendblatt 20.9.1984.

85 Vgl. »Hält der Stahl?« In: Hamburger Abendblatt 21./22.2.1998, 1.

86 Klaus Krambeck: Wahrzeichen des Hafens – die Köhlbrandbrücke – vom Schleppzug gerammt. In: Holt fast 85 (1998), 32.

87 Vgl. Wolfgang Klietz: Riss-Beobachter in der Köhlbrandbrücke. In: Hamburger Abendblatt 23.2.1998.

88 Vgl. dazu Peter Hoppe: Der Fahrbahnbelag der Köhlbrandbrücke. In: Bitumen 44 (1982) 4, 171–173:

89 Ein weiteres Revier der Hamburger Wasserschutzpolizei überwacht von Cuxhaven aus das Hamburger Wattenmeer.

90 Pressemeldung der Hamburger Polizei (POL-HH) 180831-1 vom 31.8.2018.

91 Vgl. »Streit mit der Freundin – Beifahrer springt aus dem Auto«. In: Hamburger Abendblatt 4.9.2017.

92 Das Proof-Video-Data-System, auch bekannt als »Police-Pilot«, ermöglicht eine juristisch belastbare Geschwindigkeitsmessung aus dem Fahrzeug und funktioniert ohne Blitz.

93 Vgl. »Autofahrer rast mit Tempo 221 über die Köhlbrandbrücke«. In: Hamburger Abendblatt 25.6.2018.

94 Vgl. POL-HH 170817-7 vom 17.8.2017.

95 Vgl. »Raser bei Tempo 182 auf der Köhlbrandbrücke gestoppt«. In: Hamburger Abendblatt 11.1.2022.

96 Vgl. POL-HH 180523-2 vom 23.5.2018.

97 Vgl. POL-HH 190326-1 vom 26.3.2019 sowie Daniel Herder, Andre Zand-Vakili: Illegales Rennen? 22-Jähriger fährt seinen Bruder tot. In: Hamburger Abendblatt 26.3.2019 und »Tödliches Rennen auf Köhlbrandbrücke – Haft gefordert«. In: Hamburger Abendblatt 12.8.2022.

98 »Tödliches Rennen auf der Köhlbrandbrücke: Urteil«. Hamburger Abendblatt 22.03.2024.

99 Vgl. POL-HH 151111-1 vom 11.11.2015.

100 »Auch Orkane blasen keine Autos in den Köhlbrand«, a.a.O. (Anm. 58).

101 Kim Benjamin Behrens: Aspekte des Hamburger Suizidgeschehens: eine forensisch-epidemiologische Analyse unter besonderer Berücksichtigung der Alterssuizide, der Suizide durch Sprung von der Köhlbrandbrücke sowie der Hinterlassenschaft von Abschiedsbriefen. Hamburg 2009, 77.

102 Erfasst wurden 415 Monate vom September 1974 bis zum April 2009.

103 Behrens, a.a.O. (Anm. 101), 32.

104 Vgl. Inse Leiner: Schutzengel auf der Köhlbrandbrücke. In: Hamburger Polizei-Journal 12/2010, 4–6.

105 Vgl. Bericht des Zollhauptsekretärs Gerd Lehmann, zitiert nach: »Unsere Brücke« – vor zehn Jahren wurde sie gebaut. In: Hamburger Abendblatt 20.9.1984.

106 Vgl. »Verzweiflungstat eines Familienvaters«. In: Hamburger Abendblatt 15.6.1992.

107 Vgl. Sun Siaogyu: 2000自杀者为何选择南京长江大桥？[= Warum haben sich die 2000 Selbstmordopfer für die Nanjing Yangtze River Bridge entschieden?]. In: People's Daily 19.2.2015.

108 Vgl. Kristian Stemmler: Ein Reisender in Sachen Tod. In: Hamburger Abendblatt 6.2.1990.

109 »Drahtseilakt mit Pannen«. In: Hamburger Abendblatt 19.9.1994.

110 Vgl. Christian Blohm, Klaus Püschel: Epidemiologische und phänomenologische Aspekte beim Suizid durch Sprung von einer hohen Brücke. In: Archiv für Kriminologie 202 (1998), 133.

111 Vgl. »Sprung von Brücke überlebt«. In: Hamburger Abendblatt 27.7.1996.

112 Vgl. Stefan Wagner: »Bis zum Aufschlag dauerte es ewig ...« – Interview mit Kevin Hines. https://www.focus.de/politik/ausland/bis-zum-aufschlag-dauerte-es-ewig-suizidversuch_id_1722435.html (abgerufen im September 2022).

113 Vera Schröder: Kopfsprung oder Kerze? Risiko Kopfsprung: Wann beim Springen ins Wasser Verletzungen drohen. In: Süddeutsche Zeitung 29. Juli 2022.

114 Vgl. ebd.

115 Blohm/Püschel, a.a.O. (Anm. 110), 134.

116 Ebd., 137.

117 Ebd., 134f., 137f.

118 Vgl. Thomas Stephens: Golden Gate Bridge folgt Berns Beispiel mit Fangnetzen. https://www.swissinfo.ch/ger/suizidpraevention_golden-gate-bridge-folgt-berns-beispiel-mit-fangnetzen/40527590 (abgerufen im September 2022).

119 Vgl. Behrens, a.a.O. (Anm. 101), 80.

120 »Unsere Brücke« – vor zehn Jahren wurde sie gebaut. In: Hamburger Abendblatt 20.9.1984.

121 taz 27.9.1999, 22.

122 André Zand-Vakili: Trotz Regen – 100 000 Besucher auf der Köhlbrandbrücke. In: DIE WELT 27.9.1999.

123 Zu hören auf https://www.youtube.com/watch?v=ckgVgfQYPuU.

124 2021 wurde der Start baustellenbedingt auf den 19. Dezember verschoben.

125 Abweichend davon die Pandemiejahre 2020 (acht Starts à 200 Teilnehmende) und 2021 (ein Start mit den auf 1600 limitierten gemeldeten Läuferinnen und Läufern).

126 Nordwest-Zeitung 20.12.2021.

127 Ausnahme: die Pandemie-Jahre 2020 und 2021.

128 Pressemeldung der Hamburger Polizei (POL-HH 200616-4) vom 16.6.2020.

129 POL-HH 201127-8 v. 27.11.2020.

130 »Extinction-Rebellion blockiert erneut Köhlbrandbrücke«. In: Hamburger Abendblatt 27.6.2021.

131 POL-HH: 220813-2 vom 13.8.2022.

132 »Extreme Beton-Aktion in Hamburg: Polizei fräst TV-Schauspieler aus Asphalt«. In: Hamburger Morgenpost 24.3.2023.

133 https://www.robinwood.de/pressemitteilungen/vattenfall-cyclassics-robinwood-sagt-%E2%80%9Etsch%C3%BCss-vattenfall%E2%80%9C

134 https://presseportal.greenpeace.de/205305-kohlbrandbrucke-greenpeace-kletterer-fordern-in-50-meter-hohe-ausstieg-aus-der-kohle

135 »Ein ganz wichtiger Film für mich« -- Katja von Garnier über »Bandits«. Die Tageszeitung 15.4.2023.

136 Verlagstext zum Buch, zitiert nach https://www.booklooker.de/B%C3%BCcher/Frank-Schulz+Morbus-fonticuli-Oder-Die-Sehnsucht-des-Laien-Hagener-Trilogie-II/id/A02kwirc01ZZY

137 Frank Schulz: Morbus fonticuli oder die Sehnsucht des Laien (= Hagener Trilogie II). Reinbek 2012, 332–337.

138 Anke Küpper: Mord am Köhlbrand. Hamburg 2023.

139 Das gilt – mangels entsprechender Farbalternativen – auch für das vom Autor unter https://www.bricklink.com/v3/studio/edit.page?idModel=368116 abgelegte Lego-Modell der Köhlbrandbrücke (Pylonen und Strombrücke).

140 Von 2008 bis 2016 wurde »Blue Port« im Zweijahresrhythmus veranstaltet, danach in 2017, 2019, 2022 und 2023. Inzwischen ist wieder das zweijährliche Intervall geplant.

[141] »Scholz verspricht Neubau der Köhlbrandbrücke«. In: Hamburger Abendblatt 13.6.2012.

[142] TEU = Twenty-Foot Equivalent Unit. Mit diesem Standardcontainermaß wird die Ladekapazität von Schiffen und die Umschlagskapazität von Häfen gemessen. Auf den großen Schiffen sind vor allem die doppelt so langen 40-Fuß-ISO-Container zu sehen (= 2 TEU).

[143] Martin Kopp: Neue Köhlbrandbrücke endgültig vom Tisch. In: Hamburger Abendblatt 4.2.2021.

[144] Koalitionsvertrag über die Zusammenarbeit in der 22. Legislaturperiode der Hamburgischen Bürgerschaft zwischen der SPD, Landesorganisation Hamburg und Bündnis 90/Die Grünen, Landesverband Hamburg. https://www.hamburg.de/senatsthemen/koalitionsvertrag/wirtschaft/#marker06

[145] Denkmalliste nach § 6 Absatz 1 Hamburgisches Denkmalschutzgesetz vom 5. April 2013, (HmbGVBl S. 142). https://www.hamburg.de/bkm/denkmalliste/

[146] https://rba.archi/portfolio/koehlbrand

[147] Ausgabe vom 24.9.2020, 1.

[148] Vgl. Drucksache 22/5291-22 der Bürgerschaft der Freien und Hansestadt Hamburg vom 2.8.2021, 3–5.

[149] Vgl. Martin Kopp: Zeitplan für Abriss der Köhlbrandbrücke steht. In: Hamburger Abendblatt 26.10.2021.

[150] Zitiert nach Hamburger Abendblatt 10.06.2023.

[151] Andreas Dey: Köhlbrandbrücke: Nur für Planung schon 60 Millionen Euro weg. Hamburger Abendblatt 16.08.2023.

[152] Zitiert nach ebd.

[153] Frank Drieschner: Ist die Brücke noch zu retten? In: DIE ZEIT Hamburg 26.07.2023.

[154] Bei 37.000 Lkws werktäglich.

[155] Hamburger Abendblatt 09.08.2023

[156] Hamburger Abendblatt 12.08.2023

[157] Auch daran haben Fachleute Zweifel: Denkbar wäre neben der Sanierung der Betonrampen auch ein Austausch des Stahlträgers. Nicht ganz so aufwendig wie ein Neubau und auch preiswerter. Siehe dazu: Frank Drieschner: Zu hoch hinaus. DIE ZEIT Hamburg 27.03.2024.

[158] Martin Kopp: Eine zweite Köhlbrandbrücke für den Hamburger Hafen? Hamburger Abendblatt 25.01.2024.

[159] Vgl. das Interview von Daniel Wiese mit ihr in der taz 11.02.2024.

[160] Frank Drieschner; Was kostet es, die Köhlbrandbrücke zu erhalten? In: DIE ZEIT Hamburg 10.10.2023.

[161] In der Pressekonferenz vom 01.04.2024 bezifferte die Leonhard die Gesamtbaukosten für die große Tunnellösung auf 6,0 bis 7,15 Milliarden, die kleinere auf 4,4 bis 5,3 Milliarden Euro.

[162] Vgl. https://www.grasbrook.de/wp-content/uploads/2019/12/Mandaworks_Erl%C3%A4uterungsbericht.pdf

[163] Pressemitteilung der Hamburger Behörde für Wirtschaft und Innovation vom 8.2.2019.

[164] Details zum Projekt inklusive Videoanimation auf: https://www.deges.de/projekte/projekt/hafenpassage/

[165] A26 Süderelbbrücke Moorburg: Dokumentation des Realisierungswettbewerbs. Hg. v. Deutsche Einheit Fernstraßenplanungs und -bau GmbH (DEGES). Berlin 2013, 11.

[166] Schlaich Bergermann und Partner, Stuttgart; WTM Engineers GmbH, Hamburg; DISSING+WEITLING architecture, Kopenhagen, Dänemark.

[167] A26 Süderelbbrücke, a.a.O. (Anm. 151), 18.

[168] Ebd., 16–20.

[169] Vgl. https://www.deges.de/projekte/projekt/hafenpassage/

[170] https://de.statista.com/statistik/daten/studie/719519/umfrage/europaeische-staedte-mit-den-meisten-bruecken/

[171] Sven Kummereincke: Einem Wahrzeichen Hamburgs droht der Abriss. In: Hamburger Abendblatt 13.11.2018.

[172] Angela Dietz: Reklame erschlägt Kunstwerk. In: Elbe Wochenblatt 30.11.2011, 1.

[173] https://www.elbinsel-tour.de/hafentouren/rund-wilhelmsburg

Bildnachweis

AdobeStock: 41, 143
AdsD der FES; AWO: 22 (6/FOTB067200), 23 (6/FOTB067180),
Architektur I Darstellung A.Gärtner u. O.Christ GbR: Cover Rückseite, 156/157o., 156/157u.
Archiv Ellert & Richter: 27, 32, 33, 65
Batz, Michael Hamburg: 141
Bildarchiv der Geschichtswerkstatt Wilhelmsburg und Hafen: 37, 45
Brockstedt, Jörg: 123
Buhr, Tomas: 94
Dissing+Weitling A/S, Kopenhagen Planungsgemeinschaft Süderelbequerung sbp – WTM – D+W: 160/161
Elsen, Martin (www.nord-luftbilder.de): 52/53
Göbeler, Ray: 111
Gutschow, Niels, Hamburg: 28/29
Hapag Lloyd: 143u.
Hasse, Frank / Hamburger Abendblatt: 149
HHLA/Gustav Werbeck: 35
Hofmann, Frank, Hamburg: 50, 83, 84, 85, 95, 99u., 101, 136, 166/167 (openstreetmap)
Kindermann, Harald, Bruchhausen-Vilsen: 17
LAP / gmp Architekten: 158
Mauritius images, Mittenwald: Coverfoto, 18, 42, 102, 134, 145
O'Swald, Nicolai, Reinbek: 64o., 64u.
Picture Alliance, Frankfurt a. Main: 43, 46, 63, 69o, 69u, 70, 74, 76, 78/79, 81, 86, 87, 88, 90, 92, 108, 121o, 121u, 124, 126, 127, 128o, 128u, 129, 131, 137, 138/139, 154
P. O. Quint, Hamburg: 29o.
Reimer Breuer Architekten (Westend61 / Roy Jankowski): 146/147
Röer, Marius: 110
Staatsarchiv Hamburg: 28o. (Signatur 720-1_221_06_1940_027), 30/31 (Signatur: 720-1_621_2_11_AV8)
wikimedia commons: 25, 47, 54, 66, 130o, 130u
www.hamburg-bildarchiv.de: 20, 61, 67, 68
Zapf, Michael, Hamburg: 8/9, 10, 11, 12, 13, 14/15, 162/163

Sowie aus:
Die Bautechnik (52/1975): 44
Der Tiefbau (15/1973): 58, 59 (alle)
Hansa (111/1974 Bd.1): 64 links
Holt Fast (1992-1999 Nr. 72-87): 97o, 97u, 99ol, 99 or

Sven Kummereincke
Geschichte Hamburgs
Von der Hammaburg bis zur HafenCity
978-3-8319-0790-8

Ein neues Buch über die Geschichte Hamburgs? Hat sie sich verändert? Selbstverständlich nicht. Zwar gab es gerade in der jüngeren Vergangenheit erstaunliche Erkenntnisse, vor allem über die ersten Jahrhunderte der Stadt, aber das war nicht ausschlaggebend, sondern die Idee, die Historie einmal anders zu erzählen.
Und so ist dieses Buch nicht chronologisch aufgebaut, sondern nach Themen geordnet: Stadtentwicklung, Politik, Kultur, Bildung, Verkehr... und angereichert mit vielen kleinen Biografien. Es muss also nicht von vorne nach hinten gelesen werden, um es zu verstehen, jedes Kapitel erzählt seine eigenen Geschichten. Sven Kummereincke ist Journalist, schreibt daher so unterhaltsam und interessant wie möglich, aber dennoch faktentreu.

Matthias Iken
Was wird aus Hamburg?
Das Buch zur Stadtentwicklung
978-3-8319-0870-7

Für viele Hamburger ist ihre Heimatstadt die schönste der Welt. Wie das »Kunstwerk Hamburg« in den vergangenen Jahrhunderten entstand, beschreibt dieses Buch. Es nimmt die Leser mit auf eine Zeitreise, es erzählt die Irrungen und Wirrungen der Stadtentwicklung. Zugleich widmet es sich der Gegenwart Hamburgs – den großen Stadtbauprojekten, den Ideen für die Weiterentwicklung der Metropole. Und es weist in die Zukunft, es beschreibt die Trends, die in den kommenden Jahren von entscheidender Bedeutung sein werden. Das Buch benennt Chancen wie Herausforderungen, beschreibt Stärken wie Defizite. Hamburg ist nicht nur schön, sondern manchmal auch schön verschlafen. Das Fazit des Autors: Hamburg könnte noch mehr aus sich machen.

Der Autor

Frank Hofmann lebt als Journalist, promovierter Theologe und Philosoph in Hamburg. Am raschen Verschleiß der Köhlbrandbrücke ist er nicht ganz unschuldig, fährt er doch mit seinen Oldtimern gern und oft über das Bauwerk hinweg in den Hafen. Zuerst interessierte ihn nur ein Detail an der Brücke – doch je mehr er recherchierte, umso mehr verliebte er sich in diese architektonische Meisterleistung.

Impressum

Bibliografische Information der Deutschen Nationalbibliothek
Die Deutsche Nationalbibliothek verzeichnet diese Publikation in der Deutschen Nationalbibliografie; detaillierte bibliografische Daten sind im Internet über http://dnb.d-nb.de abrufbar.

ISBN 978-3-8319-0843-1

Text und Bildlegenden: Frank Hofmann, Hamburg
Bildredaktion: Frank Hofmann, Raphael Iwanczuk, Gerhard Richter, Hamburg
Gestaltung: BrücknerAping Büro für Gestaltung, Bremen
Gesamtherstellung: Florjancic tisk printing house, Maribor / Slowenien

www.ellert-richter.de
www.facebook.com/EllertRichterVerlag
www.instagram.com/ellert_richter_verlag